l'enfance en questions

l'enfance en questions

HAUT POTENTIEL, PRÉCOCE

Comment le repérer et aider chaque enfant à s'épanouir ?

Dr Anne Bargiacchi
Dr Alexandre Hubert

Nathan

CHAPITRE 3

MYTHES ET RÉALITÉS DE LA PRÉCOCITÉ p. 39

CHAPITRE 4

REPÉRER LES SIGNES D'UN HAUT POTENTIEL p. 55

AVANT-PROPOS

Même si quantité de livres, d'émissions et d'articles lui ont été consacrés, la précocité intellectuelle reste mal connue, mal expliquée, victime de nombreux mythes et fausses croyances.

Nous avons écrit ce livre en nous appuyant sur notre pratique clinique qui nous a conduits à rencontrer des enfants à haut potentiel en difficulté ; mais nous présenterons aussi dans les différents chapitres des arguments, issus des recherches les plus actuelles sur l'intelligence et le comportement des enfants précoces, qui contredisent une vision pathologisante de la précocité intellectuelle.

Qu'est-ce que l'intelligence ? Quels sont les signes permettant de repérer un haut potentiel chez un enfant ? Faut-il éduquer un enfant à haut potentiel autrement ?

Afin d'être au plus près de ce que vous vivez au quotidien, nous avons voulu apporter ici des réponses actuelles et variées où tous les parents pourront trouver des outils de compréhension et d'accompagnement pour leur enfant.

Ni don ni fardeau, la précocité intellectuelle crée des besoins spécifiques chez l'enfant. Voici des clés pour comprendre et des moyens concrets pour accompagner votre enfant à haut potentiel sur la voie de l'épanouissement.

1

PETITE HISTOIRE DE LA PRÉCOCITÉ

À l'heure actuelle, il existe une pluralité de définitions de la précocité intellectuelle, aucune ne faisant consensus. Cette diversité s'explique par l'influence de la société, de l'histoire et des cultures, par l'évolution des connaissances sur les causes et les manifestations de cette particularité de fonctionnement.

SURDOUÉ, PRÉCOCE, ZÈBRE, HAUT POTENTIEL… TOUS CES TERMES DÉSIGNENT DES ENFANTS AUX APTITUDES HORS DU COMMUN. ONT-ILS LE MÊME SENS ?

C'est en 1922 que le psychologue américain Lewis Terman[1] lança la toute première étude scientifique sur une cohorte de plus de 1 500 enfants au QI supérieur à 122, suivis pendant quarante ans, voire certains jusqu'à l'âge de 80 ans.

En France, c'est le terme « surdoué » qui était utilisé à la fin du XXe siècle, puis on a parlé d'« enfant intellectuellement précoce » (EIP), et enfin de « haut potentiel intellectuel » (HPI), expression retenue par l'Éducation nationale en 2007.

Auparavant, les notions de « prodige », de « génie » (par exemple pour Mozart ou le violoniste Yehudi Menuhin) étaient préférées en raison du caractère fantastique et hors du commun qu'elles sous-tendaient. Car, à cette époque, l'intérêt pour le développement intellectuel de l'enfant était moins important que celui pour le merveilleux et le prodigieux !

1. 1877-1956.

POURQUOI UTILISER UN TERME PLUTÔT QU'UN AUTRE ?

Chacun a ses inconvénients. « Précoce », notamment, prête à confusion : il laisse entendre que l'enfant acquerrait des compétences plus tôt que les autres enfants. Il serait donc « en avance », mais cette différence s'estomperait ensuite : l'enfant considéré un temps comme précoce serait rattrapé peu à peu par les enfants de son âge.

Le terme « surdoué » a le désavantage d'induire une notion de « supériorité » : il serait « plus » doué que les autres enfants.

Dans « haut potentiel », s'entend l'idée d'une forme de pression, d'obligation à « concrétiser » ce potentiel ultérieurement.

Dans le milieu non médical spécialisé comme les associations et les psychologues, d'autres termes sont fréquemment utilisés, en particulier celui de « zèbre ». Inventé par la psychologue Jeanne Siaud-Facchin pour éviter toute notion de supériorité, de précocité ou toute pression à concrétiser son potentiel, le mot « zèbre » renvoie à un animal unique, sensible qui se fond dans son environnement pour se protéger, mais qui est capable de révéler son vrai potentiel lorsque les circonstances s'y prêtent : « Son pelage rayé n'est-il pas destiné à jouer avec les ombres et la lumière pour mieux se dissimuler mais soudain apparaître dans toute sa splendeur en se détachant, par ses rayures, de tous les autres animaux de la savane ? Et n'a-t-on pas l'habitude de parler d'un drôle de zèbre pour désigner un individu original, peu banal[2] ? »

---

2. Jeanne Siaud-Facchin, *L'Enfant surdoué. L'aider à grandir,*

D'autres encore préfèrent le terme d'« albatros », grand oiseau que ses ailes géantes empêchent de marcher, ou celui d'APIE, pour atypique personne dans l'intelligence et l'émotion[3] .

Dans les pays anglo-saxons, on a recours à certains termes comme la « douance », au Canada, ou « *gifted child* » depuis les années 1920. Aux États-Unis, ce dernier englobe de manière large plusieurs domaines, scolaire mais aussi artistique et sportif, dans lesquels l'enfant présente des capacités exceptionnelles[4]. C'est ce mot-là qui a été traduit par « surdoué » en France dans les années 1970.

Dans ce livre, nous utiliserons indifféremment les différentes appellations, sachant qu'aucune ne peut à elle seule rendre compte de la diversité des situations rencontrées.

LA PRÉCOCITÉ INTELLECTUELLE EST-ELLE FRÉQUENTE ?

Il est difficile d'évaluer la fréquence exacte de la précocité intellectuelle, même si, par définition, on retient qu'elle définit des personnes ayant un QI supérieur ou égal à 130. Elle concernerait environ 2,1 % de la population.

l'aider à réussir, nouvelle éd., Odile Jacob, coll. « Guides pour s'aimer soi-même », 2012.

3. Ce dernier terme est utilisé par Jean-François Laurent, conférencier et écrivain dans les domaines de l'éducation.

4. Valentina J. Intagliata et Rebecca J. Scharf, « The Gifted Child », *Pediatrics in Review*, vol. 38, n° 12, décembre 2017.

Elle est de plus en plus souvent évoquée à l'école car il existe désormais un dispositif de reconnaissance des élèves à haut potentiel comme étant des élèves « à besoin éducatif particulier ». Leur repérage fait donc partie des missions de l'équipe enseignante et pédagogique afin qu'ils puissent bénéficier d'un accompagnement adapté. Après que le rapport Delaubier a reconnu leur existence en 2002, le ministère de l'Éducation nationale a publié en 2007 une circulaire encourageant les rectrices et les recteurs d'académie à repérer et à accompagner les élèves concernés, d'où cette impression qu'il n'y a jamais eu autant d'enfants à haut potentiel. En fait, il ne semble pas qu'il y ait plus d'enfants précoces qu'auparavant, ils seraient simplement mieux identifiés.

Selon certains auteurs[5], en France, 2 à 5 % des enfants d'âge scolaire seraient concernés. Et le ministère de l'Éducation nationale estime qu'un enfant par classe environ le serait.

Notre société élitiste et orientée vers la réussite a été mise en cause. Elle inciterait les parents à « pousser » leurs enfants. Mais, de tout temps et dans tout type de société, il y a eu des enfants ayant un fonctionnement hors du commun.

Les pressions parentales à la réussite de leurs enfants ne semblent pas non plus « créer » une précocité intellectuelle. Le comportement des parents dont les enfants sont précoces ne paraît d'ailleurs pas différent de celui des parents dont les

5. Par exemple, J.-C. Terrassier, « Les enfants intellectuellement précoces », *Archives de pédiatrie*, vol. 16, n° 12, décembre 2009.

enfants ne le sont pas. Les enfants précoces devenus adultes évoquent des liens positifs avec leurs parents dans l'enfance, des parents engagés et soutenants, proposant des défis adaptés pour les stimuler, mais sans pression inconsidérée à la réussite. Il semble que les parents d'enfants précoces laissent, comme les autres, leurs enfants « avoir une vraie enfance », tout en s'adaptant à leurs besoins spécifiques.

Les progrès dans les domaines des sciences de l'éducation et de la parentalité permettent de mieux accompagner les caractéristiques uniques de chaque enfant, mais ils ne créent pas des enfants « sur »-intelligents. Le fait que l'on puisse penser, vu de l'extérieur, qu'un parent « stimule trop » son enfant peut tout simplement être lié au fait que ce parent, attentif aux besoins de son enfant, lui propose suffisamment d'activités pour qu'il ne s'ennuie pas car il a perçu son besoin de beaucoup de stimulations pour aller bien, sans que ce soit la cause de son « avance » intellectuelle.

Il est fréquent que la précocité intellectuelle soit mise en avant pour expliquer, à tort, des difficultés de comportement ou de scolarisation. Il peut être plus aisé pour des familles ou des enseignants d'évoquer une précocité plutôt qu'un trouble relevant du champ des maladies... Mais s'il arrive qu'un enfant précoce ait des comorbidités à l'origine de troubles du comportement ou de difficultés scolaires, l'inverse n'est pas vrai, tous les enfants en difficulté scolaire ne sont pas précoces.

Pour accompagner correctement les familles, il est important de cerner au plus près les difficultés de l'enfant, mais surtout, ces familles doivent pouvoir trouver des sources de documentation valides et scientifiquement prouvées, afin de mettre en place une aide adaptée. De même que tous les adultes en difficulté ne sont pas en burn-out, tous les enfants en difficulté ne sont pas précoces…

CONNAÎT-ON L'ORIGINE DE LA PRÉCOCITÉ INTELLECTUELLE ?

Comment se construit l'intelligence au cours de l'enfance et au-delà ? Il n'est pas facile de le savoir. Le développement intellectuel « normal » de l'enfant est encore mal connu, et jusqu'à présent, les chercheurs se sont plus intéressés aux situations de retard intellectuel qu'à la précocité intellectuelle.

Rappelons quelques définitions les plus communes de l'intelligence[6] : « ensemble des fonctions mentales ayant pour objet la connaissance conceptuelle et rationnelle » ; « aptitude d'un être humain à s'adapter à une situation, à choisir des moyens d'action en fonction des circonstances » ; « qualité de quelqu'un qui manifeste dans un domaine donné un souci de comprendre, de réfléchir, de connaître et qui adapte facilement son comportement à ces finalités » ; « capacité de saisir une chose par la pensée ».

6. Dictionnaire *Larousse*.

Howard Gardner, psychologue américain spécialiste de l'intelligence, la définit comme « un potentiel biopsychologique de traitement de l'information, qui peut être activé dans un cadre culturel pour résoudre des problèmes ou créer des produits qui ont de la valeur dans une culture ».

Selon les connaissances les plus récentes, l'intelligence se développerait de manière complexe, sous l'influence de facteurs génétiques hérités des parents (« innés ») et de facteurs environnementaux présents particulièrement pendant la grossesse et les premières années de vie. Les facteurs environnementaux sont très variables, allant du climat affectif dans lequel on vit à la situation socio-économique de notre famille, et comprennent l'exposition éventuelle à des substances toxiques, à de possibles traumatismes, la scolarisation, l'entourage amical et familial, une maladie ou un accident dans la petite enfance…

QU'ENTEND-ON PAR « HAUT POTENTIEL » ?

On suppose par là que tout potentiel ne se réalise pas forcément et qu'il lui faut un contexte favorable pour se concrétiser. Le potentiel « inné », spécial, de ces enfants-là s'expliquerait par une organisation cérébrale et un fonctionnement cérébral atypiques, dus à l'héritage génétique ou à certains facteurs présents durant la grossesse (comme le montrent certaines études en imagerie cérébrale). Parmi ces spécificités neurodéveloppementales, le cerveau droit serait plus utilisé chez les enfants

« précoces » que chez les enfants typiques, des réseaux neuronaux plus étendus seraient stimulés, et les différentes aires cérébrales ainsi que les deux hémisphères du cerveau auraient davantage tendance à travailler ensemble au cours d'une tâche ou d'un processus donnés[7].

Ce fonctionnement cérébral spécifique et atypique serait présent dès la naissance et potentiellement favorisé par l'action des hormones sexuelles comme la testostérone. Pour l'intelligence spécifique mesurée par le QI (cf. chapitre 2), il existerait une forte part génétique. Certaines caractéristiques relatives au tempérament, comme la motivation et la capacité à agir dans le sens de ce qui nous motive, seraient également influencées par la génétique et hautement « héréditaires ».

Cependant, cela n'explique pas tout car la capacité à se motiver et à faire des efforts s'apprend (c'est l'« acquis ») et s'entraîne. Il est vrai aussi que les enfants à haut potentiel sont fréquemment animés par une grande énergie et une forte motivation dans leurs domaines d'intérêt !

---

7. Pour aller plus loin : « Enfants à haut potentiel, apport de l'imagerie fonctionnelle », https://www.youtube.com/watch?v=vJ1buvFBt2c

PARENTALITÉ POSITIVE ET ÉCOLE DÉMOCRATIQUE FAVORISENT-ELLES LA PRÉCOCITÉ ?

Comme tous les autres enfants, les enfants à haut potentiel s'épanouissent au mieux dans un environnement soutenant et encourageant, et ils vont moins bien dans un environnement trop dur ou peu chaleureux.

Par exemple, d'un point de vue éducatif, les facteurs « optimaux » de développement de l'intelligence allieraient l'affection soutenante des parents et des éducateurs et leur exigence stimulante et bienveillante à persévérer et à travailler. C'est aussi ce que l'on appelle le mode éducatif démocratique, par opposition aux modes éducatifs permissif ou autoritaire. Le fait que les parents soient des modèles pour l'enfant en termes de persévérance, de travail jouerait également un rôle dans l'engagement de l'enfant dans différentes activités et le développement de compétences variées.

Les attitudes parentales d'affection et d'exigence bienveillante et stimulante, l'accès à des activités appropriées (en lien avec les intérêts et les compétences de l'enfant), un niveau d'apprentissage correspondant à son niveau de développement et à ses besoins paraissent indispensables pour que l'enfant à haut potentiel puisse développer une expertise dans son domaine de prédilection, voire devenir un inventeur ou un créateur, mais aussi tout simplement être heureux et « bien dans ses baskets ».

Ces dernières années, de nombreux auteurs spécialisés dans le champ de la précocité intellectuelle se sont beaucoup intéressés à la notion de « pratique délibérée », méthode d'apprentissage inventée par le psychologue suédois Anders Ericsson :

1. La pratique vise quelque chose que vous ne savez pas faire ou que vous ne faites pas bien. Vous devez être motivé pour pratiquer et exercer un effort conscient en dirigeant intentionnellement et pleinement votre attention sur ce que vous faites, afin de vous améliorer.
2. Le niveau de difficulté de la pratique doit être adapté afin que vous compreniez correctement ce que vous avez à faire après une brève période d'instruction. Le niveau de difficulté et de complexité de chaque tâche ou compétence sera augmenté en fonction de vos performances.
3. Un feed-back immédiat est indispensable, ce qui vous permet de vous corriger et de vous perfectionner.
4. Il est nécessaire de répéter de nombreuses fois cette tâche ou ce type de tâche, jusqu'à la maîtriser parfaitement.

Cette « pratique délibérée » d'une activité ou d'une compétence serait nécessaire pour développer une expertise dans un domaine donné et réaliser son potentiel. Toutefois, la pratique délibérée seule ne « créerait » pas la précocité, elle favoriserait plutôt l'épanouissement des talents.

Pour conclure… Les trajectoires prises par les enfants à haut potentiel pour développer leurs capacités peuvent donc être très variées. Elles sont fonction de leur environnement, de certaines opportunités et des ressources mises à leur disposition, mais aussi des « mentors » qu'ils rencontreront sur leur route. Des efforts et de la persévérance seront souvent indispensables pour que ces enfants réussissent à la hauteur de leurs talents innés.

« Un enfant doué est donc celui qui possède non seulement les bons traits, mais aussi le bon environnement dans lequel ces traits peuvent s'épanouir. Si les capacités cognitives d'un enfant n'ont pas la possibilité de se développer, l'enfant ne sera pas identifié comme étant doué[8]. »

8. Sybren Spit et Judith Rispens, « On the Relation Between Procedural Learning and Syntactic Proficiency in Gifted Children », *Journal of Psycholinguistic Research*, vol. 48, n° 2, avril 2019.

2

PEUT-ON MESURER L'INTELLIGENCE ?

Selon la définition de l'Organisation mondiale de la santé (OMS), qui est aussi communément admise en France et par de nombreux scientifiques, les enfants sont considérés comme « à haut potentiel » s'ils ont un quotient intellectuel (QI) supérieur ou égal à 130 sur les échelles d'intelligence de Wechsler[9]. En d'autres termes, un enfant à haut potentiel est un enfant dont des tests objectifs ont démontré qu'il avait un QI supérieur à celui obtenu par la majorité des enfants de son âge. Mais cette définition ne fait pas consensus ! Car définir l'intelligence par le QI est considéré comme trop restrictif. Il n'est donc pas facile de donner une définition représentative de l'ensemble des situations des enfants et des adolescents concernés par la précocité.

---

9. David Wechsler est un psychologue qui a travaillé toute sa vie pour l'armée américaine et qui, dans le cadre de l'évaluation des recrues, a observé que les mesures d'intelligence réalisées étaient imparfaites, centrées sur les acquis des personnes plus que sur leur potentiel. Il a mis au point des échelles d'intelligence (trois différentes en fonction de l'âge) qui ont pour partie été publiées après sa mort. Aujourd'hui, ses échelles font référence au niveau international.

LES TESTS DE QI SUFFISENT-ILS À IDENTIFIER UN ENFANT À HAUT POTENTIEL ?

Certains chercheurs ont proposé d'autres modèles théoriques que les tests de QI pour définir l'intelligence et le haut potentiel. Ces modèles postulent, entre autres, qu'un haut potentiel peut se révéler dans bien d'autres domaines de compétence que l'intelligence mesurée par les tests de QI. Ils suggèrent que le « diagnostic » doit prendre en compte d'autres dimensions telles que les traits de caractère, le mode de raisonnement, la persévérance, la motivation, toutes caractéristiques qui pourraient être au moins aussi importantes que le chiffre de QI.

DES APTITUDES SCOLAIRES ÉLEVÉES SUFFISENT-ELLES À « DIAGNOSTIQUER » UN ENFANT PRÉCOCE ?

La précocité ne se résume pas à une différence *quantitative* avec les autres enfants, à être « en avance » ou à être « plus intelligent ». Le fonctionnement intellectuel et émotionnel des enfants précoces ainsi que leur comportement sont différents *qualitativement* de ceux des enfants se situant dans la moyenne.

En France, comme dans de nombreux autres pays, on associe souvent la notion de haut potentiel aux aptitudes ou aux compétences scolaires. L'aptitude, c'est la *capacité* à, la *possibilité* de, sans forcément réussir concrètement. La compétence, c'est la tâche maîtrisée, les réussites concrètes dans un domaine. Des définitions plus larges décrivent ainsi le fait d'être surdoué comme une aptitude ou une compétence *hors du commun* dans un ou plusieurs domaines particuliers. Ces domaines ne sont pas forcément scolaires d'ailleurs, cela peut être aussi les arts, la musique, ou d'autres domaines peu représentés à l'école[10].

QUE MESURE EXACTEMENT LE QI ?

Pour simplifier, le QI mesure certaines fonctions intellectuelles ou cognitives, et ce, « objectivement », c'est-à-dire par un score chiffré et comparable entre différentes personnes.

En moyenne, les enfants, les adolescents et les adultes ont un QI global de 100. 68 % des individus ont un QI entre 85 et 115 (il se situe entre – 15 et + 15 par rapport à cette moyenne de 100). On arrive à 95 % si l'on prend un écart de – 30 et + 30 (donc entre 70 et 130 de QI).

Une personne dont le QI est supérieur à 130 fait partie des 2 à 3 % de la population dont l'intelligence mesurée par le QI est la plus élevée. C'est ce seuil qui est retenu par l'OMS et l'Éducation nationale en France pour parler d'enfants à haut potentiel, dans le cadre du repérage de ces derniers.

10. *A parent's guide to gifted children*, James Webb, 2007.

Plus précisément, le QI est calculé selon des scores qui se répartissent sur une courbe dite « gaussienne » (en cloche). La plupart des individus se concentrent autour de 100. Plus on s'éloigne de la moyenne, plus leur nombre est faible. 95 % de la population a un QI compris entre 70 et 130. Cela signifie que les différences de fonctionnement, de comportement et de capacités cognitives seront peu importantes entre des personnes qui ont 100 de QI et des personnes qui ont 105 (car elles sont nombreuses, c'est-à-dire que les percentiles sont proches). Ces différences seront plus importantes entre des personnes ayant 130 et 135 (car elles sont peu nombreuses, c'est-à-dire les percentiles sont éloignés). Autrement dit, cinq points d'écart n'auront pas du tout la même valeur en termes de fonctionnement cognitif si l'on est proche de la moyenne (peu de différences) ou des extrêmes (différences importantes).

QUELS DOMAINES DE L'INTELLIGENCE LE QI PERMET-IL D'ÉVALUER ?

Le QI ne donne pas qu'un score total, il mesure aussi plusieurs « sous-scores » qui correspondent à plusieurs domaines d'intelligence. Différents en fonction de l'âge, ces domaines mesurent notamment les capacités à raisonner, à comparer, à manier des concepts abstraits, à mémoriser.

En pratique, dès l'âge de 2 ans et demi, les tests de Wechsler (les plus largement validés et utilisés) permettent une évaluation tout à fait valide du développement. D'autant plus, semble-t-il, si l'enfant est précoce.

Différentes versions des tests permettent d'évaluer l'intelligence générale d'une personne selon son âge à partir des sous-scores du QI : le WPPSI-IV s'adresse aux enfants de 2 ans et demi à 7 ans et 3 mois ; le WISC-V aux enfants et adolescents de 6 ans à 16 ans et 11 mois ; le WAIS-IV aux adultes de 16 ans à 79 ans et 11 mois.

Le WISC-V permet en particulier de comparer le potentiel intellectuel d'un enfant avec celui d'enfants du même âge. Dans ce test, les indices compris entre 80 et 120 et les notes standards comprises entre 5 et 15 correspondent à la moyenne.

Les indices représentent cinq domaines distincts de l'intelligence :

- **L'indice de compréhension verbale** fournit une mesure des connaissances acquises par l'enfant dans son environnement, de la formation de concepts verbaux, du raisonnement verbal et de l'expression verbale.
- **L'indice visuo-spatial** fournit une mesure du traitement visuo-spatial de l'enfant, de son aptitude à construire des formes géométriques à partir d'un modèle. Cette aptitude implique le raisonnement visuo-spatial, la compréhension et la synthèse des relations entre les parties et le tout, l'attention visuelle portée au détail et l'intégration visuo-motrice.

- **L'indice de raisonnement fluide** fournit une mesure de l'aptitude de l'enfant à déceler le rapport conceptuel sous-jacent entre différents objets visuels et à utiliser le raisonnement pour identifier et appliquer des règles. L'identification et l'application des rapports conceptuels supposent un raisonnement inductif et quantitatif, une intelligence visuelle globale, un traitement simultané et une capacité d'abstraction.
- **L'indice de mémoire de travail** fournit une mesure de l'aptitude de l'enfant à enregistrer, à maintenir en mémoire de travail et à manipuler les informations visuelles et auditives dans le domaine conscient. Cette compétence nécessite de l'attention, une discrimination auditive et visuelle et de la concentration.
- **L'indice de vitesse de traitement** fournit une mesure de la rapidité et de la précision de l'identification visuelle de l'enfant, de la prise de décision et de l'application de la décision. Les performances à l'IVT sont liées au balayage visuel, à la discrimination visuelle, à la mémoire de travail, à la coordination visuo-motrice et à la concentration.

Le score total à ce test s'appelle le quotient intellectuel total (QIT). Pour pouvoir le calculer, il faut que les sous-scores, mesurés à partir des indices, soient homogènes. S'il y a une différence trop importante entre les différents domaines (résultats dits « en dents de scie »), le score total sera invalide.

LES RÉSULTATS D'UN TEST DE QI SONT-ILS TOUJOURS FIABLES ?

Rappelons que ce test ne peut être réalisé que si l'on s'est assuré que l'enfant est en mesure de le passer. C'est-à-dire qu'il doit comprendre la langue, porter ses lunettes, bien entendre, pouvoir physiquement effectuer les épreuves (il ne doit pas avoir un bras plâtré, par exemple). En effet, si l'enfant présente des troubles du langage, s'il n'est pas francophone ou si un handicap physique interfère avec les épreuves à réaliser, ses résultats seront impactés, et le chiffre de QI total pourra être minoré.

Il a été montré que les enfants et les adolescents « à haut potentiel » avaient fréquemment des domaines de force et des domaines de faiblesse relative. Ainsi, dans certains cas, leurs résultats aux sous-scores du QI peuvent être très variables, certains bons ou très bons, d'autres mauvais ou très mauvais, d'autres moyens, donnant un profil « en dents de scie ». Il n'est alors pas possible de porter le « diagnostic » de précocité malgré un score global supérieur ou égal à 130. Les professionnels se fieront à leur expertise et aux manifestations associées (cf. chapitre 4) pour analyser les résultats aux sous-scores et attribuer le « diagnostic ». Les psychologues considèrent que, plus qu'un chiffre « fatidique », il existe un seuil de précocité, ce seuil s'observant entre 125 et 130 de QI.

Les tests ne sont pas forcément simples à interpréter, et l'interprétation du profil de développement d'un enfant à haut potentiel demande souvent une compétence particulière, sous peine d'aboutir à des conclusions erronées. Le comportement de l'enfant durant le test peut être en lui-même source d'informations importantes et orienter le « diagnostic » : en réponse aux questions du ou de la psychologue, l'enfant montre son niveau d'assurance, son plaisir à utiliser son intelligence, sa curiosité intellectuelle, sa persévérance devant la difficulté, sa capacité d'autonomie et d'organisation et sa fatigabilité, autant de données utiles. Cependant, l'intelligence des enfants à haut potentiel serait difficilement mesurable par un unique test de QI.

L'INTELLIGENCE SE RÉSUME-T-ELLE À UN SCORE DE QI ?

Il existerait différents types d'intelligence, que les chercheurs cherchent à caractériser depuis le siècle dernier. Ces différents types ne pourraient pas tous être évalués par les tests de QI. Il n'existe par ailleurs pas de consensus, différents modèles coexistant à l'heure actuelle.

Parmi les modèles les plus connus, nous pouvons citer la « théorie des intelligences multiples » de Howard Gardner, qui postule l'existence de neuf domaines d'intelligence distincts, parmi lesquels figurent les domaines « logico-mathématique », « verbal », « spatial-artistique », ou encore « musical » ; la « théorie triarchique de l'intelligence humaine » de Robert Sternberg, avec ses domaines « analytique », « pratique » et « créatif » ; ou encore le « modèle à trois anneaux » de Joseph

Renzulli, avec ses niveaux d'« aptitude », de « créativité » et d'« engagement » intellectuels, et sa distinction entre haut potentiel intellectuel « académique » et « créatif ».

Le QI est donc un score relatif. Il est généralement considéré comme le meilleur indicateur du fonctionnement intellectuel général. En pratique clinique, le QI est surtout utilisé pour s'assurer que l'enfant n'a pas de retard cognitif, lorsque des familles consultent suite à des difficultés scolaires ou à des retards dans les acquisitions.

Actuellement, même si l'outil est potentiellement imparfait, les différentes échelles de QI sont les instruments les plus fiables pour mesurer les capacités intellectuelles de l'enfant.

LA PRÉCOCITÉ EST-ELLE UNE MALADIE ?

On parle de « diagnostic » de précocité dans le sens où un nom est mis sur une particularité de fonctionnement. Celle-ci permet d'expliquer, au moins en partie, un ensemble de comportements chez un enfant donné. Cependant, la précocité intellectuelle n'est pas une maladie. En revanche, le fait d'avoir un fonctionnement atypique par rapport à la plupart des gens peut conduire à se sentir différent, incompris et vulnérable, et être source de souffrance ou de difficultés qui nécessiteront une prise en charge.

Mais comme cela est sous-entendu dans les pays anglo-saxons, la précocité peut aussi être vue comme un don (« *gifted child* »), un cadeau, une chance. Elle n'est pas en soi une condamnation à se sentir inadapté toute sa vie, si l'on sait éviter que ce potentiel ne devienne un fardeau. On peut avoir du potentiel et ne pas l'utiliser, ne pas l'utiliser à bon escient, ou au contraire l'utiliser comme un atout pour accomplir de grandes choses et mener à bien des projets pour soi ou pour la société.

3

MYTHES ET RÉALITÉS DE LA PRÉCOCITÉ

Un enfant à haut potentiel peut présenter des difficultés de comportement, des troubles émotionnels, voire des difficultés scolaires. « Ne serait-il pas tout simplement précoce ? » se demandent les parents lorsque leur enfant est en échec scolaire ou isolé socialement. Les signes observés chez les enfants à haut potentiel, qui s'expliquent certes par leur intelligence hors du commun, mais aussi par un fonctionnement atypique et parfois par certains troubles fréquemment associés, ont des caractéristiques bien précises. On parle d'ailleurs au départ de « particularités » de comportement et d'apprentissage, et non pas de difficultés ou de symptômes !

Y A-T-IL DES SIGNES DE PRÉCOCITÉ AUTRES QU'ÊTRE BRILLANT À L'ÉCOLE ?

Un QI et des résultats scolaires supérieurs à la moyenne sont l'indication d'un haut potentiel, mais ce ne sont pas les seuls. Des signes relatifs au tempérament, au comportement et au développement vont également mettre sur la piste d'un « diagnostic » de haut potentiel. Certaines de ces manifestations peuvent se retrouver chez des enfants qui ne sont pas précoces, mais leur association, leur persistance dans le temps et le fait que ces signes soient présents depuis la toute petite enfance, à la maison, puis à l'école, avec les amis et la famille, devraient conduire à une évaluation spécialisée. Et ce, d'autant plus si certaines de ces particularités de fonctionnement ont des conséquences négatives dans la vie quotidienne de l'enfant.

Ils ne s'en rendent pas forcément compte, mais les enfants précoces perçoivent leur environnement différemment de leurs pairs. On peut dire que le haut potentiel colore le comportement de l'enfant, ses relations familiales et amicales, ses apprentissages et, bien sûr, ses besoins. De même qu'on n'exige pas d'un enfant dont on sait qu'il a une déficience intellectuelle[11] qu'il se comporte exactement comme un enfant dont l'intelligence est dans la moyenne, il serait tout

11. Il fait alors partie des 2,5 % des enfants dont l'intelligence mesurée par le QI est la plus faible.

aussi incohérent d'attendre d'un enfant qui fait partie des 2,5 % les plus intelligents, donc qui est aussi très en décalage avec ses pairs, qu'il se comporte exactement comme eux.

QUELS SONT LES « MYTHES » DONT IL FAUT SE MÉFIER ?

Certaines fausses croyances sur la précocité intellectuelle peuvent entraîner une non-reconnaissance d'un enfant à haut potentiel, et également susciter des attentes irréalistes à leur égard.

- **Mythe n° 1 :** « La précocité est une caractéristique qui permet à l'enfant de tout apprendre sans effort, d'être indépendant et motivé dans sa scolarité et de toujours réussir au plan scolaire. » C'est le cas pour certains de ces enfants, mais pas pour tous, et les méthodes de travail, la motivation s'acquièrent souvent avec le temps et le soutien approprié ; de même, leur épanouissement passe par des stimulations et des apprentissages adéquats ; certains enfants à haut potentiel seront des élèves brillants et des amis appréciés, d'autres se sentiront différents et déconnectés des autres.
- **Mythe n° 2 :** « Les enfants à haut potentiel n'ont pas besoin d'aménagements scolaires, ils n'ont qu'à s'adapter puisqu'ils sont si intelligents. » Ce n'est pas parce que l'enfant est précoce que l'on peut lui demander de « prendre sur lui » et de se sur-adapter : son fonctionnement propre nécessite des stimulations et un accompagnement adaptés à ses besoins,

ainsi qu'un parcours scolaire approprié. Depuis 2002[12], les enfants à haut potentiel sont d'ailleurs identifiés par l'Éducation nationale comme des élèves à besoins éducatifs particuliers (cf. chapitre 5).

- **Mythe n° 3 :** « Comme ils sont précoces, ils seront bons et à l'aise dans toutes les matières. » Une fois que les enfants ont été « identifiés » comme étant à haut potentiel, il arrive que les adultes de leur entourage s'attendent à ce qu'ils soient bons dans tous les domaines ; cela n'est ni vrai ni réaliste : nous avons déjà évoqué le fait que les domaines de compétence des enfants à haut potentiel sont variés et qu'ils peuvent avoir un très bon niveau dans certains domaines, mais moyen, voire faible, dans d'autres.
- **Mythe n° 4 :** « Les enfants à haut potentiel sont la plupart du temps issus d'un milieu social élevé et sont poussés par leurs parents. » Les études montrent que les enfants à haut potentiel sont issus de tous les milieux sociaux économiques et ont des origines ethniques et culturelles diverses. Cependant, il est possible que les préjugés à l'encontre des élèves d'une origine socioculturelle différente conduisent à moins repérer chez eux des signes de précocité et que; de ce fait, ils soient moins bien identifiés et bénéficient moins des dispositifs existants.
- **Mythe n° 5 :** « Ils sont tellement en avance qu'on peut leur laisser beaucoup d'autonomie car ils sont capables de prendre les bonnes décisions par eux-mêmes. » Nous y reviendrons, mais la maturité et la « sagesse » s'acquièrent par

12. Cf. le rapport Delaubier : https://www.education.gouv.fr/media/72603/download

l'expérience et ne sont pas corrélées au niveau intellectuel !

- **Mythe n° 6 :** « Il ne faut pas trop leur dire qu'ils sont surdoués car ils vont devenir orgueilleux. » Certes, il ne s'agit pas de leur faire penser qu'ils sont supérieurs ou meilleurs ; cependant, discuter avec eux de leurs particularités de fonctionnement, examiner en quoi et comment ils peuvent être objectivement différents de leurs pairs est important pour qu'ils se comprennent mieux eux-mêmes, trouvent du sens au monde qui les entoure et s'adaptent à leur environnement. Il est possible de parler des différences sans établir de classement des mérites, mais au contraire en insistant sur la richesse de la diversité.

D'autres fausses croyances, proches de la caricature, peuvent être à l'origine de critiques et de moqueries, comme les qualifications ironiques de « petit génie », ou d'un dénigrement : « intello bizarre », « il ne fait rien d'autre que lire ».

Attention aux stéréotypes !

UN ENFANT ÉTANT AVANT TOUT UN ENFANT, LA PRÉCOCITÉ N'EST-ELLE PAS SECONDAIRE ?

On a envie de répondre que oui. Pourtant, chez les enfants précoces, la précocité fait partie intégrante de leur personnalité, elle influence immanquablement l'ensemble de leurs comportements, leurs apprentissages et leurs relations. C'est une clé essentielle pour les comprendre. Les enfants à haut potentiel sont fondamentalement différents de leurs pairs, au même sens qu'un enfant ayant une déficience mentale est différent de la « norme » ou de la moyenne. Ainsi, l'enfant n'est pas dissociable de sa particularité : celle-ci ne le définit pas pour autant, mais elle colore son quotidien.

En résumé, les enfants à haut potentiel sont uniques et différents, tout en cherchant la plupart du temps à faire partie du groupe de leurs pairs et plus largement de la société. Comme pour tous les enfants, l'enjeu est de les aider à trouver l'équilibre entre « rentrer dans le moule » (faire partie d'un groupe) et « trouver leur chemin » (être un individu).

LES ENFANTS PRÉCOCES PENSENT-ILS DIFFÉREMMENT ?

Ils pensent et se comportent de manière différente par rapport à leurs pairs « typiques ». Mais pas toujours de manière plus intelligente aux yeux d'un adulte !

Leur fonctionnement intellectuel, c'est-à-dire leurs capacités d'apprentissage, de compréhension et leurs facultés d'attention, qui sont liées vraisemblablement à des particularités de leur fonctionnement cérébral (cf. chapitre 1), présente les caractéristiques suivantes :

- Leur **système de pensée,** dit « en arborescence » ou « fulgurant », diffère de la pensée linéaire, plus habituelle : l'arborescence représente le fait que la pensée foisonne, que chaque information se divise en nouvelles idées qui s'associent et divergent vers d'autres idées, créant des réseaux qui s'activent simultanément et leur permettent de faire des liens rapides entre les éléments. La fulgurance signifie que les enfants à haut potentiel n'ont pas toujours accès au raisonnement qui les a conduits à une conclusion donnée (comme si le résultat s'affichait directement sur leur écran mental après qu'ils ont entré une donnée) ; ils donnent un résultat ou une réponse synthétiques, d'où parfois une impression d'intuition.

- Leur **style d'apprentissage** est atypique : ils seraient plus à même de traiter rapidement les informations, de trouver des solutions, de retenir les données et les liens qui existent entre elles. Plusieurs modèles théoriques concurrents qui tentent de conceptualiser les différents styles d'apprentissage n'ont jamais été démontrés scientifiquement, mais font souvent l'objet d'un certain succès « pratique ». Deux des modèles les plus connus de styles d'apprentissage sont dits « auditif séquentiel » et « visuel spatial ». D'autres auteurs décrivent un troisième style d'apprentissage, nommé « kinesthésique ». Ces styles d'apprentissage expliqueraient les différences concernant la façon de penser, d'apprendre, d'appréhender le monde, de résoudre des problèmes, et même de comprendre et d'interagir avec autrui, ils coloreraient donc également le style relationnel et pas seulement les apprentissages scolaires.

Dans ces modèles :

- les enfants qui ont un style d'apprentissage « auditif séquentiel » pensent en utilisant des mots ; préfèrent les explications auditives ; traitent les informations et les tâches de manière séquentielle ; sont attentifs aux faits et aux détails, aiment les instructions précises ; se consacrent à une tâche à la fois ; apprécient ce qui est structuré, organisé ; utilisent l'analyse et la logique pour résoudre un problème et prévoir/anticiper les conséquences/résultats ; préfèrent effectuer des tâches concrètes en appliquant une solution qui existe déjà. Ils abordent la plupart des situations avec sérieux ;
- ceux qui ont un style « visuel spatial » pensent en utilisant des images et préfèrent les explications visuelles (démonstration) plutôt que verbales ; traitent les informations de manière globale en commençant par le résultat plutôt que par les détails ; apprécient les tâches abstraites, les directions générales et globales plutôt que détaillées et spécifiques ; gèrent plusieurs tâches à la fois, sont à l'aise dans le multi-tâche ; recherchent les situations qui sont ouvertes, pas figées par les règles, pour créer leur propre structure, improviser, repérer des schémas ; aiment synthétiser, proposer des idées intuitives ; aiment résoudre des problèmes nouveaux ou qu'ils ont inventés, manier des concepts. Ils abordent les situations de manière ludique.

Ainsi, les enfants « visuo-spatiaux » peuvent être perçus par leur entourage familial et scolaire comme brouillons, peu organisés, manquant de sérieux. À l'inverse, les enfants « auditifs séquentiels » peuvent être en difficulté relationnelle car peu intuitifs dans leurs interactions, souffrir d'une rigidité et d'un perfectionnisme maladifs et manquer d'esprit de synthèse. Ils peuvent être frustrés quand leur enseignant encourage la création et la fantaisie et ne propose pas de règles structurées dans les apprentissages.

Enfin, certains spécialistes ont décrit un « seuil d'activation du cerveau » chez l'enfant à haut potentiel : les tâches trop « simples » pour lui n'« enclencheraient » pas les processus cognitifs, d'où des résultats en dents de scie qui étonnent, l'élève réussissant bien les tâches complexes, mais pas les tâches simples. Ce phénomène serait à l'origine de ce qu'Edward de Bono a appelé l'« effet Everest », soit la préférence pour ce qui est compliqué et un manque d'attention dans les matières moins intéressantes.

LES ENFANTS PRÉCOCES SONT-ILS PLUS SENSIBLES QUE LES AUTRES ENFANTS ?

Les enfants précoces ont un fonctionnement affectif (émotionnel et relationnel) différent, ce qui expliquerait leur intensité et leur sensibilité ; ils percevraient plus d'informations sensorielles et émotionnelles de leur environnement externe et interne. De plus, de nombreux auteurs du champ de la précocité intellectuelle ont décrit ce qu'est la « dyssynchronie interne ». Celle-ci correspond au développement des acquisitions de l'enfant à des rythmes différents selon les domaines (c'est-à-dire sur les plans intellectuel, moteur, affectif, et social).

Certes, il arrive que les niveaux de développement intellectuel, affectif, émotionnel soient variables chez un même enfant, mais les enfants à haut potentiel présenteraient plus fréquemment un développement affectif et psychomoteur relativement moins en avance que leur développement intellectuel. En d'autres termes, on observe que, chez les enfants à haut potentiel, le développement psychomoteur (normal, c'est-à-dire dans la moyenne) et le développement affectif (dans la norme également), d'une part, et le développement intellectuel (« supérieur » à la norme), d'autre part, ne suivent pas le même rythme. Ainsi, un enfant de 5 ans qui sait lire et qui argumente verbalement avec les adultes de son entourage connaîtra, comme les autres enfants de son âge, de possibles peurs nocturnes et aura besoin d'être rassuré par un rituel du coucher. De même, il pourra avoir un imaginaire très riche et créer dans sa tête des constructions très élaborées que ses capacités de motricité fine ne lui permettront pas encore de réaliser. De manière comparable, le décalage entre le rythme de développement des enfants précoces et celui des autres enfants peut entraîner une dyssynchronie « sociale » perceptible dans les relations avec les camarades du même âge.

Enfin, l'une des hypothèses avancées pour expliquer la très grande sensibilité et l'intensité des enfants à haut potentiel – et qui a également rencontré un certain succès sans pouvoir être démontrée avec certitude – est la présence d'une « hyperexcitabilité » chez ces enfants, dans le sens d'une réponse exagérée aux stimuli, d'une « résonance extrême à la moindre excitation ». Cette théorie a été développée par le psychiatre polonais Kazimierz Dabrowski, qui a décrit les types d'hyperexcitabilité suivants :

- L'hyperexcitabilité psychomotrice se caractérise par une grande énergie, la difficulté à rester assis, le besoin constant de bouger, parfois une grande agilité. Cette énergie physique débordante associée à une activité incessante risque de conduire à tort à un diagnostic de TDAH (trouble du déficit de l'attention avec ou sans hyperactivité). Elle peut aussi être fatigante pour l'entourage et s'exacerberait en situation de stress. Certains auteurs ont décrit que les enfants à haut potentiel avaient par ailleurs besoin de s'investir physiquement dans une activité pour pouvoir se concentrer.
- L'hyperexcitabilité sensorielle se traduit par une sensibilité exacerbée aux perceptions sensorielles. Les cinq sens seraient particulièrement « en éveil » chez les enfants à haut potentiel parce que « recrutés » en permanence.
- L'hyperexcitabilité imaginative se manifeste par la tendance à la rêverie, la présence d'une vie intérieure riche, imaginative et une grande créativité.
- L'hyperexcitabilité intellectuelle se distingue par l'habileté pour les analyses et les synthèses, les questionnements pertinents et le besoin d'apprendre par soi-même.
- L'hyperexcitabilité émotionnelle est responsable des émotions intenses qui peuvent assaillir les enfants à haut potentiel, de leur hypersensibilité et du fait que les émotions interviennent dans de nombreux aspects de leur vie, par exemple les apprentissages.

Dans cette théorie, le terme « hyperexcitabilité » n'a pas forcément de connotation négative dans le sens de « trop » sensible ou « trop » excitable (même si cela paraît parfois être le cas), mais signifie, là encore, une perception qualitativement différente du monde extérieur, qui serait plus intense, plus sensible. Cela peut être dans certains cas une force (créant des expériences plus riches pour ces enfants), mais aussi une source de stress ou de difficultés avec l'entourage.

LES ENFANTS PRÉCOCES ONT-ILS PLUS DE DIFFICULTÉS RELATIONNELLES QUE LES AUTRES ENFANTS ?

Certains enfants à haut potentiel sont introvertis, et d'autres extravertis, donc il est difficile de généraliser ! En revanche, leur intensité, leur sensibilité, leur capacité d'empathie et leur aptitude à percevoir de nombreux détails de leur environnement peuvent les conduire à connaître des difficultés relationnelles. Dans la petite enfance, peu conscients des effets de leur comportement sur leurs pairs, ils peuvent être jugés agaçants, prétentieux, trop intellos, « je-sais-tout », etc. À l'adolescence, au contraire, ils peuvent, dans un but d'intégration, s'efforcer de gommer toute différence, au risque de se « perdre » et de ne plus être authentiques (ils cachent alors volontairement leur singularité pour rentrer dans le moule).

Il arrive qu'ils ne trouvent des pairs qui leur ressemblent que dans les études supérieures. Ils sont souvent désireux de rencontrer des mentors, même plus âgés, qui comprennent leurs centres d'intérêt et avec qui ils développent une relation privilégiée. Ces enfants peuvent en outre chercher à passer du temps avec des personnes plus âgées qu'eux, avec qui ils se sentent plus à l'aise.

Enfin, même s'ils apprécient la compagnie des autres, certains enfants à haut potentiel ont tendance à être solitaires, appréciant d'avoir du temps pour penser et mener à bien leurs activités de prédilection.

Pour conclure... La précocité est-elle un atout dans la vie ? En France, sous l'influence du milieu associatif mais aussi pédopsychiatrique, la vision du haut potentiel est souvent celle d'une vulnérabilité : vulnérabilité liée à la différence par rapport à la moyenne, à certains traits de fonctionnement comme le perfectionnisme et l'idéalisme, et à la dyssynchronie entre les capacités intellectuelles et émotionnelles.

Il n'est pas sûr que cette vision soit tout à fait exacte, les quelques études scientifiques sur le sujet n'ayant finalement pas mis en évidence de risque supplémentaire de maladie mentale, par exemple, chez les enfants précoces par rapport à leurs pairs non précoces. Cependant, le fait d'être différent, quelle que soit l'origine de cette différence, peut exposer à des manifestations d'anxiété, de mauvaise estime de soi, d'isolement social et de dépression. Les études les plus récentes rapportent ainsi un risque de difficultés comportementales et émotionnelles significatives, mais qui restent modérées et n'entraînent pas le plus souvent de « diagnostic » pédopsychiatrique. L'important est de comprendre en quoi ils sont différents – tous les enfants à haut potentiel étant par ailleurs différents les uns des autres.

En consultation spécialisée de pédopsychiatrie, hormis les troubles associés et les diagnostics différentiels comme les troubles du spectre de l'autisme sur lesquels nous reviendrons au chapitre 7, les raisons pour lesquelles les enfants à haut potentiel consultent sont les difficultés scolaires et plus rarement les difficultés sociales (mauvais résultats scolaires, manque d'autonomie en classe, comportement jugé perturbateur ou indiscipliné, refus du travail scolaire, retrait social, altercations récurrentes avec des camarades…).

4

REPÉRER LES SIGNES D'UN HAUT POTENTIEL

Un enfant très éveillé, sensible, demandant beaucoup d'attention et de stimulations, au point parfois d'épuiser son entourage par ses réactions extrêmes ; des capacités de langage très développées, avec le recours très tôt à des phrases complexes ; une vivacité d'esprit remarquable, la pertinence des questions, une curiosité intense ; à l'école maternelle, un enfant avide de connaissances qui réussit très vite les activités proposées, se concentre intensément, apprend à lire seul… tous ces signes peuvent être observés dès les premiers mois ou les premières années de la vie. Les parents des enfants à haut potentiel parlent fréquemment de développement différent, de comportements particuliers.

QUELS SONT LES TRAITS ET LES COMPORTEMENTS LES PLUS FRÉQUENTS DES ENFANTS À HAUT POTENTIEL ?

Dans l'enfance, certains traits et comportements sont plus fréquemment associés à ces enfants :

- Ils manifestent une **intensité** dans tout ce qu'ils font, pensent, expriment : leur personnalité semble « excessive ». Cette intensité colore l'ensemble de leurs comportements et peut se traduire, entre autres, par des colères débordantes et des luttes de pouvoir avec les adultes de leur entourage, mais aussi par une rivalité particulièrement marquée avec leurs frères et sœurs.
- Ils font preuve d'une **sensibilité extrême** : ils perçoivent plus d'informations sensorielles et émotionnelles de leur environnement et d'eux-mêmes, et leurs réactions en sont exacerbées. Particulièrement émotifs, ils peuvent, par exemple, même très jeunes, manifester beaucoup de compassion et d'empathie ou être très sensibles aux attentes de leur entourage, mais aussi réagir vivement sous le coup de leurs émotions positives et négatives. La perception de leur environnement sensoriel et émotionnel est complexe, ce qui amène à penser qu'ils sont très intuitifs. Ils sont aussi facilement touchés par ce que l'on dit sur eux et se montrent parfois très susceptibles.
- Ils sont capables de **penser de manière complexe et abstraite** :

ils aiment particulièrement ce qui est compliqué ou ardu et peuvent être réticents à s'intéresser à ce qu'ils considèrent comme trop basique ou terre à terre. Ils ont souvent une compréhension sophistiquée des concepts abstraits.

- Ils utilisent un **langage « particulier »** : recherchant du sens et de l'exactitude dans tout ce qui est dit, ils aiment manier les mots, trouver celui qui décrira exactement ce qu'ils veulent exprimer, ils perçoivent finement les nuances et accordent une grande importance à ce qui est dit. Leur vocabulaire et la construction de leurs phrases sont particulièrement riches et complexes pour leur âge.
- Ils ont un grand **besoin d'apprendre, de comprendre**, une **curiosité** immense pour tout ce qui les entoure, des centres d'intérêt très variés, ou au contraire un intérêt intense et exclusif pour un sujet donné qui occupe la plupart de leur temps : ceux qui ont des centres d'intérêt variés et changeants peuvent être catalogués de « girouettes » ou donner l'impression de ne s'investir sérieusement dans rien ; ceux qui ont un intérêt particulier pour un sujet peuvent s'y absorber entièrement au détriment de nouvelles découvertes ou des activités quotidiennes. Ils apprennent vite et retiennent de nombreuses informations.
- Ils **posent de nombreuses questions** qui n'ont pas toujours de réponses et peuvent épuiser leur entourage, faisant un usage créatif des réponses en les enchaînant avec de nouvelles questions.
- Ils font souvent montre d'un grand **perfectionnisme** et d'exigences élevées, alliées à un profond **idéalisme**.
- On leur reproche parfois leur **manque de conformisme** ou

la remise en question de traditions et de coutumes qui leur semblent « arbitraires » : le besoin de comprendre le sens derrière les comportements peut les faire paraître impolis ou mal élevés. Ils se contentent rarement de l'explication « parce que c'est comme ça », y compris pour les règles de politesse et de bienséance.

- Ils sont dotés d'une **mémoire particulièrement performante** (ils mémorisent les données avec moins d'entraînement ou de répétition que leurs pairs), d'une **capacité d'attention remarquable** (en particulier pour ce qui les intéresse, pas forcément pour ce à quoi les autres pensent qu'ils devraient s'intéresser), associées à une faculté de **concentration intense** : ils sont donc très « focus », mettant toute leur énergie dans un sujet, un projet ou une activité. Ils peuvent faire preuve d'une grande **persévérance**.
- À l'inverse, ils paraissent parfois **rêveurs** ou perdus dans leurs pensées, leur imagination et leurs créations.
- Ils aiment surtout expérimenter, **résoudre des problèmes,** proposer des solutions innovantes et faire les choses différemment.
- Ce sont souvent des enfants **imaginatifs et créatifs** : ils peuvent s'inventer des amis imaginaires, organiser leur environnement en des schémas très complexes, ou proposer des jeux particulièrement compliqués.
- Leur **sens de l'humour** est particulièrement précoce et aiguisé : ils sont capables de **jeux de mots** complexes.
- Ils sont souvent très tôt **préoccupés par la justice et les injustices, les problèmes politiques ou sociétaux, les drames humanitaires,** ainsi que les **questions métaphysiques**.

- Enfin, ils ont tendance à **s'impatienter** devant les lenteurs des autres ou à cause de ce qu'ils ne savent pas encore faire.

UN QUOTIDIEN ENTRE QUESTIONS MÉTAPHYSIQUES ET MALADRESSES...

Un des traits caractéristiques de ces enfants est ce que l'on appelle la « dyssynchronie » : certains parents sont décontenancés par l'écart entre les questions quasi métaphysiques que posent très tôt ces enfants et leur maladresse dans les activités de la vie quotidienne – par exemple, ils ont des difficultés pour s'habiller, ils se cognent tout le temps – ou dans leurs relations sociales.

AUTONOMES, OUI, MAIS PAS TROP VITE !

Parfois, ce sont des enfants particulièrement indépendants, et les parents sont tentés de leur laisser très vite une grande autonomie ; cependant, le rythme de développement intellectuel n'est pas corrélé au rythme de développement émotionnel et affectif ni à l'acquisition d'une certaine « sagesse » et de la capacité à avoir du recul sur les événements présents ou sur les conséquences d'une action à court, moyen et long terme. Sagesse et expérience mettent du temps à s'acquérir, quel que soit le niveau intellectuel !

COMMENT FAIRE LA DIFFÉRENCE ENTRE UN ENFANT SCOLAIRE, QUI RÉUSSIT TRÈS BIEN À L'ÉCOLE, ET UN ENFANT PRÉCOCE ?

Voici quelques-unes des différences qui peuvent orienter et encourager ou non à « passer un test », en dehors bien entendu des difficultés dont nous avons parlé plus haut et qui sont en elles-mêmes une incitation au dépistage :

- Les enfants scolaires posent des questions qui ont des réponses ; les enfants à haut potentiel posent des questions sur des concepts abstraits et élaborent des théories. Ou encore, les enfants scolaires connaissent les réponses aux questions, les enfants précoces posent des questions ouvertes.
- Style d'apprentissage : les enfants scolaires maîtrisent très bien les concepts l'un après l'autre ; les enfants à haut potentiel sautent les étapes ou sont incapables de les voir et de les expliquer. Les enfants scolaires sont intéressés ; les enfants précoces sont très curieux et avides de connaissances.
- Niveau émotionnel : les enfants scolaires sont traversés par différentes émotions qui passent la plupart du temps sans laisser de traces ; les enfants à haut potentiel peuvent être débordés et déborder leur entourage par l'intensité de leurs réactions émotionnelles, positives ou négatives.
- Niveau de langage : les enfants scolaires ont un très bon niveau de langage, en rapport avec leur âge ; les enfants précoces ont un langage recherché, voire copié sur celui de l'adulte, qui peut surprendre ou gêner.
- Préoccupations pour la justice et l'équité : elles sont plus intenses chez les enfants précoces, portant parfois sur des situations qui ne les touchent pas personnellement.

QUELS SONT LES SIGNES DE HAUT POTENTIEL QUE L'ON PEUT REPÉRER À L'ÉCOLE ? EN PRATIQUE, QUAND Y PENSER ?

À l'école, il est fréquent de parler de l'ennui des élèves à haut potentiel. En effet, leur intelligence, leur rapidité de compréhension et d'apprentissage les conduisent parfois à déjà savoir depuis longtemps ce que le reste de la classe est en train d'apprendre.

D'autres comportements, comme le fait de poser des questions embarrassantes ou qui peuvent sembler impolies aux adultes, doivent attirer l'attention. Enfin, des difficultés de socialisation avec les camarades sont possibles.

LE HAUT POTENTIEL EST-IL UN TROUBLE DES APPRENTISSAGES ?

Le mode de pensée et de raisonnement de ces enfants n'est pas en lui-même supérieur, mais il est très différent, comme nous l'avons vu précédemment : plus rapide, utilisant des voies et des canaux différents.

C'est peut-être la façon particulière de fonctionner de ces enfants qui les met en difficulté à l'école, autant que le fait d'apprendre plus de choses à un rythme plus rapide.

Sur le site du ministère de l'Éducation nationale, il est signalé qu'« un dépistage systématique de la précocité intellectuelle n'est pas utile. La situation d'un élève doit être examinée lorsque :

- un élève manifeste un mal-être à l'école ;
- un élève a un trouble de l'apprentissage ;
- le comportement d'un élève alerte son enseignant ;
- les parents en font la demande. »

Dans une circulaire de 2007, les enfants à haut potentiel sont inclus dans la catégorie des élèves à besoins éducatifs particuliers. Il est précisé : « Un grand nombre de ces élèves poursuivent une scolarité sans heurt, voire brillante, il n'y a pas de mesure particulière à prendre pour eux, leur parcours scolaire s'organisant sans que l'on sache le plus souvent qu'ils sont intellectuellement précoces. D'autres manifestent des difficultés dans leurs apprentissages ou dans leurs comportements qui peuvent être sensibles dès l'école maternelle. Elles sont cependant plus nettes dès le début de l'école élémentaire et plus encore au collège où elles se trouvent amplifiées par la période de l'adolescence. » Une amélioration de leur repérage est alors préconisée[13].

Pour conclure... Nombreux sont ceux qui ont tenté de formaliser un « portrait-robot » des enfants précoces, de décrire les différents « types » d'enfants à haut potentiel : « performant », « inhibé », « créatif », etc. Jusqu'à présent,

13. L'Éducation nationale met à disposition différents supports pour améliorer la détection des élèves à haut potentiel, dans le cadre de la formation des enseignants. Ces grilles d'aide au repérage peuvent être retrouvées à l'adresse suivante : https://eduscol.education.fr/media/1083/download

les différents modèles coexistent sans qu'il ait pu être prouvé lequel était le plus « juste ». Et selon que l'on consulte la littérature scientifique, qui s'intéresse plutôt au pathologique et donc aux troubles constitués, ou la littérature spécialisée, d'orientation plus pratique et qui rend compte de l'expérience de professionnels ayant rencontré de nombreuses familles, les données ne sont pas forcément exactement les mêmes. Attention donc au portrait-robot qui peut aider à se repérer, mais n'est pas forcément représentatif de l'ensemble des situations !

5

POUR UNE SCOLARITÉ HEUREUSE

Leur réussite scolaire semble être une évidence et pourtant, a contrario, on entend aussi très souvent cet autre cliché, selon lequel l'échec scolaire serait très fréquent chez les enfants précoces. La vérité se situe entre ces deux extrêmes. Tous les enfants précoces ne sont pas d'excellents élèves, tous les élèves excellents ne sont pas des enfants précoces, et tous les enfants précoces ne sont pas en difficulté scolaire ! Et donc, quelles stratégies faut-il mettre en place avec eux pour leur permettre de vivre une scolarité heureuse ?

L'ÉCHEC SCOLAIRE EST-IL FRÉQUENT CHEZ LES ENFANTS PRÉCOCES ?

Le découragement scolaire, le désinvestissement et plus rarement l'échec scolaire touchent aussi les enfants précoces. Il arrive que leurs résultats scolaires soient très variables selon les matières et la complexité des tâches. Paradoxalement, ces élèves qui ont besoin de réflexion et de challenge ont parfois plus de mal avec les tâches les plus simples. Habitués à réussir sans effort depuis leur plus jeune âge, ils n'ont pas forcément acquis de méthode de travail ni appris à persévérer dans l'effort, lorsqu'ils entrent au collège ou au lycée (cf. chapitres 3 et 6).

Ils se retrouvent dès lors en porte-à-faux avec les représentations erronées des adultes sur la précocité intellectuelle. Les enseignants auront tendance à attendre d'un élève à haut potentiel qu'il réussisse brillamment, sans effort, mais aussi qu'il soit capable de s'adapter au rythme de ses camarades, ce qui n'est pas souhaitable. Ils peuvent aussi ne pas penser à la précocité intellectuelle pour un enfant qui a un trouble du comportement, ou au contraire supposer une précocité intellectuelle dès qu'un enfant est en difficulté scolaire…

Comme pour les autres enfants, la réussite scolaire des enfants précoces dépend de la qualité de leur intégration avec leurs pairs, de l'ambiance à la maison, de leur niveau de stress, etc. Certains enfants ou adolescents précoces masquent parfois leurs compétences pour être mieux acceptés par leurs camarades et se fondre dans la masse. Par ailleurs, ces enfants peuvent souffrir de troubles comorbides, comme les troubles des apprentissages, ou d'un trouble neurodéveloppemental qui va interférer avec leurs capacités d'apprentissage.

Chez ces enfants, le désinvestissement scolaire est le signe d'alerte d'un mal-être qui doit absolument amener à réévaluer les besoins et l'accompagnement dont ils bénéficient.

QU'EST-CE QUE LA DIFFÉRENCIATION PÉDAGOGIQUE AU SEIN DE LA CLASSE ?

Plusieurs documents ont été réalisés par le ministère de l'Éducation nationale afin de repérer, d'orienter et de soutenir les élèves à haut potentiel. Leurs besoins spécifiques nécessitent plusieurs types d'aménagements. Concrètement, voici ce qui peut être fait au sein de la classe.

Dans une classe, le professeur enseigne à des élèves ayant des capacités et des modes d'apprentissage différents. Ainsi, de même qu'il existe pour tout élève en difficulté une possibilité d'aménagement scolaire avec des ressources matérielles telles que des livres de niveau plus simple, il peut être proposé du matériel d'un niveau plus élevé pour les enfants précoces.

Le danger, en pratique, c'est que les enseignants s'occupent davantage des enfants qui ont des difficultés d'apprentissage et que l'enfant précoce soit insuffisamment « stimulé » ;

lorsqu'il a fini son travail, on lui demande d'« attendre » : « Fais ce que tu veux, mais n'embête pas les autres. » Or, si on ne répond pas à ses besoins spécifiques d'apprentissage et de stimulation, l'enfant à haut potentiel risque de se désintéresser de l'école ou de se ralentir. Sa motivation, son désir d'apprendre en seront diminués d'autant. Plusieurs anciens enfants précoces devenus adultes le disent bien, ils n'ont commencé à réellement travailler qu'à partir de leurs études supérieures. Ils se sont alors trouvés en difficulté, n'ayant jusque-là pas eu besoin de travailler ou d'étudier pour obtenir de bonnes notes.

UN TUTEUR POUR MIEUX APPRENDRE À TRAVAILLER

Lorsque l'enfant précoce rencontre des difficultés de méthode dans ses apprentissages, un tutorat avec un adulte peut être proposé. Cette solution présente de multiples avantages :

- Les échanges entre l'enfant, sa famille et le tuteur sont des échanges privilégiés. Cela peut aider à renouer un dialogue qui a été altéré avec l'école ou la scolarité dans son ensemble.
- Le rapport particulier avec le tuteur permet de travailler sur certains comportements, comme des oublis et des devoirs non rendus, et de voir comment on peut remédier à ces difficultés.
- Ensemble, le tuteur et l'enfant peuvent mettre en place des éléments méthodologiques pour la mémorisation, selon

que l'enfant est plutôt auditif ou visuel, prise de notes, cartes mentales…

- Le tuteur est là aussi pour apprendre à l'enfant à prendre du recul, à dédramatiser et à accepter de se tromper.

ENRICHIR LES CONTENUS POUR ALLER PLUS LOIN

Et si on proposait aux enfants précoces de développer les idées abordées en classe sous la forme d'exposés et d'activités extrascolaires artistiques ou sportives[14] ? L'équipe enseignante peut enrichir les compétences de l'élève par des activités d'éveil et d'exploration faisant appel à des contenus et à des domaines de connaissances différents.

Par exemple, si le sujet d'études est l'Antiquité, on peut proposer de rechercher sur Internet des photos d'un site antique ou bien d'aller faire un reportage photo dans un musée sur des œuvres de l'Antiquité ; suggérer des activités créatives en groupe, comme faire un exposé sur les dieux grecs et romains ; inviter le groupe à réfléchir ensemble, à se poser des questions et à essayer d'y répondre pour faire son exposé.

Construire une maquette de temple grec ou de pyramide selon certaines règles (par exemple, avec des éléments

14. Pour plus de détail, se référer au vade-mecum de l'Éducation nationale « Scolariser un enfant à haut potentiel » : https://eduscol.education.fr/media/1083/download

trouvés à la maison) permettra de travailler sur des problèmes concrets, en individuel ou en petits groupes. En devenant archéologue, explorateur, ingénieur, architecte ou artiste pour élaborer son projet, l'élève se confrontera à de nouvelles difficultés et cherchera des solutions pour y remédier, ce qui l'aidera à développer son autonomie.

SAUTER UNE CLASSE ?

Lorsqu'un enfant est particulièrement avancé dans le programme scolaire, par exemple lorsqu'il sait déjà lire et écrire avant d'entrer au CP, il peut être envisagé de lui faire sauter une classe. Il est important de prendre en compte tous les aspects de sa personnalité, car il pourrait rencontrer des difficultés d'ordre émotionnel ou affectif. Aucune étude jusqu'ici n'a démontré que le fait de sauter une classe pouvait être dommageable pour le développement émotionnel ou social d'un enfant précoce ; au contraire, il semble plutôt en tirer profit. On imagine bien tout l'intérêt des classes à double niveau dans cette optique. Il faudra néanmoins prendre soin de respecter son temps d'adaptation à sa nouvelle classe, et prévoir des échanges réguliers entre les parents et les enseignants de la classe actuelle et de la future classe, pour accompagner l'enfant au fur et à mesure de ses besoins.

LES BESOINS ÉDUCATIFS PARTICULIERS DES ENFANTS PRÉCOCES

Travailler en partenariat avec l'école est utile dans tous les cas pour votre enfant, et s'il a des difficultés, il est important de pouvoir écouter les remarques des enseignants, mais également de les tenir informés des évolutions ou des prises en charge qui sont mises en place pour lui permettre de développer son plein potentiel.

Les enfants à haut potentiel sont considérés par l'Éducation nationale comme des élèves aux « besoins éducatifs particuliers ». Des aménagements sont donc possibles via un plan d'accompagnement personnalisé (PAP) ou un programme personnalisé de réussite éducative (PPRE), ou encore dans le cadre d'un projet personnalisé de scolarisation (PPS), quand une comorbidité entre dans le champ du handicap et qu'un dossier est constitué auprès de la maison départementale des personnes handicapées (MDPH).

En cas de difficultés d'apprentissage, des aménagements institutionnels peuvent être proposés à l'élève et à sa famille :

- **Le programme personnalisé de réussite éducative (PPRE)** a pour objectif d'aider à motiver et à valoriser l'élève. C'est un plan d'action qui implique l'enseignant, l'élève et sa famille. Y sont précisés les objectifs et les moyens mis en place, les échéances et les moyens pour évaluer l'efficacité de ces mesures.
- **Le plan d'accompagnement personnalisé (PAP)** est un document qui présente les aménagements et les adaptations

pédagogiques dont bénéficie l'élève ayant des difficultés dans le cadre d'un trouble des apprentissages. Il est réévalué tous les ans. L'objectif est de soutenir l'élève pour éviter une rupture qui le conduirait à un échec scolaire. La mise en place du PAP peut se faire à l'initiative des parents ou de l'enseignant. Un médecin doit avoir constaté et documenté le ou les troubles de l'enfant. Le médecin de l'Éducation nationale rendant un avis sur le PAP, celui-ci a donc bien une dimension médicale. Sa mise en œuvre est assurée par les enseignants au sein de la classe.

- **Le projet personnalisé de scolarisation (PPS)** peut être envisagé si les difficultés scolaires nécessitent des moyens de compensation type matériel pédagogique adapté, accompagnant/e… Il s'inscrit dans le cadre d'un dossier de la MDPH. Cela signifie qu'un diagnostic d'un ou de plusieurs troubles a été posé, avec demande de reconnaissance de l'aspect handicapant du ou des troubles par rapport à la scolarité de l'enfant.

Ces trois plans visent à apporter à l'élève les aménagements pédagogiques spécifiques dont il a besoin pour le bon déroulement de sa scolarité.

DES ÉCOLES ADAPTÉES

Il existe des écoles dites « spéciales » pour enfants précoces. Chaque école a ses particularités et ses spécificités ; elles sont pour la plupart privées et donc payantes, parfois

« hors contrat ». Il peut alors s'avérer difficile pour l'enfant de retourner ensuite dans le système scolaire classique.

Il est important de s'assurer dans un premier temps que l'enseignement et la pédagogie proposés seront adaptés à votre enfant. Les processus de sélection sont également propres à chaque école. Toutes les écoles ne proposeront pas une adaptation ou une aide pour les enfants ayant besoin d'une prise en charge psychologique, orthophonique ou psychomotrice.

Ces écoles peuvent représenter une alternative lorsque l'enfant est en échec dans ses apprentissages scolaires. Néanmoins, il faut se montrer prudent et bien se renseigner sur les aménagements scolaires mis en place dans ces écoles, ainsi que sur la préparation aux examens tels que le baccalauréat, qui reste aujourd'hui le sésame pour les études supérieures.

6

AIDER SON ENFANT À DÉVELOPPER SON PLEIN POTENTIEL

Mieux connaitre la précocité et ses caractéristiques peut diminuer la sensation d'étrangeté vécue par les enfants précoces car l'enfant à haut potentiel et son entourage peuvent alors mieux se comprendre. Or l'un des facteurs déterminants dans l'épanouissement des enfants, qu'ils soient précoces ou non, c'est une bonne communication !

LES PARTICULARITÉS ÉMOTIONNELLES DES ENFANTS PRÉCOCES

Dès le plus jeune âge, le comportement des enfants précoces et leur mode de pensée peuvent être différents de ceux des enfants du même âge. « Difficile », « têtu », « provocant », « autoritaire », « qui argumente pour tout », « dans son monde », « dans le jugement », « perfectionniste », « dur avec lui-même »... Mais ces mêmes enfants sont aussi curieux, sensibles, idéalistes, passionnés, et cela parfois avec plus d'intensité que les autres enfants…

Leurs points forts peuvent les mettre en décalage, un décalage perçu comme « étrange » par les autres, enfants ou adultes. Certains enfants précoces sont très sensibles et très « entiers », notamment en ce qui concerne leurs sentiments. Certains verbalisent facilement leurs sentiments, parfois trop, tandis que, pour d'autres, les sentiments paraissent abstraits, illogiques. Dans ce cas, ils préféreront évoquer des choses plus concrètes, plus facilement identifiables, plus logiques. Il est donc important de pouvoir rassurer sur le fait que les sentiments peuvent tout à fait être illogiques ou imprécis, car c'est leur nature même.

LES CAUSES LES PLUS FRÉQUENTES D'UNE BAISSE DES PERFORMANCES SCOLAIRES CHEZ LES ENFANTS PRÉCOCES

- Le fait de vouloir être « comme les autres », notamment lorsque les bons résultats scolaires ne sont pas valorisés au sein de la classe.
- Lorsque la tâche demandée ne semble pas intéressante ou importante à ses yeux, il arrive que l'enfant refuse de faire le devoir ou de le terminer pour montrer son désir d'indépendance et s'opposer à la demande de ses parents ou de ses professeurs, un peu comme si, pour matérialiser sa colère, il se mettait « en grève ».
- Un enfant précoce peut avoir peur que de bons résultats fassent naître des attentes plus importantes chez ses parents ou ses professeurs et que cela augmente la pression exercée sur lui.
- Une baisse des performances scolaires peut être une manière d'attirer l'attention des parents ou des professeurs.
- Parfois, c'est la peur de l'échec qui conduit l'enfant à ne pas essayer, pour être sûr de ne pas se tromper.
- Une chute des résultats scolaires peut être une façon de susciter la sympathie de ses amis, en particulier lorsque ses performances scolaires sont source de dévalorisation ou de moqueries.
- Les enjeux peuvent être trop abstraits pour lui, c'est-à-dire qu'il ne voit pas, à son âge, l'intérêt d'avoir de bons résultats scolaires pour son futur professionnel ; il ne sait pas encore

ce qu'il veut faire plus tard ou, du fait de sa dyssynchronie[15], a du mal à se projeter à moyen ou long terme. De plus, il n'est pas forcément assez mûr pour éprouver la satisfaction d'avoir accompli quelque chose, laquelle constitue en elle-même un moteur, une motivation pour aller de l'avant.

- Il n'a pas l'habitude de travailler beaucoup et n'a jamais appris à organiser son travail.
- Il peut être distrait et impulsif, ce qui a un retentissement sur ses performances scolaires.
- Il souffre de troubles des apprentissages comorbides.
- L'enfant est préoccupé par d'autres soucis tels que des conflits familiaux.
- L'enfant se sent incompris, découragé, voire déprimé.
- Ses particularités de raisonnement le pénalisent. Il peut, en mathématiques par exemple, apporter la solution sans écrire son raisonnement, n'en voyant pas l'intérêt ou n'y ayant pas « accès » car il a trouvé le résultat sans qu'il ait à dérouler sa pensée de façon linéaire.

PAR OÙ COMMENCER ?

Ce que mon enfant voit comme important. Les parents demandent parfois à leur enfant de se focaliser sur un sujet dont l'intérêt lui échappe. De fait, les motivations d'un enfant peuvent être très différentes de celles de ses parents. Donc, en termes de motivation, plutôt que d'insister en vain, il est plus

15. Sur la dyssynchronie chez l'enfant précoce, voir p. 48.

utile d'essayer de l'amener à transférer l'intérêt qu'il porte à un sujet vers un autre sujet. Par exemple, si votre enfant se passionne pour la mythologie et qu'il a de nombreuses connaissances sur le sujet, mais qu'il refuse d'apprendre les mathématiques, vous pouvez compter ensemble le nombre de dieux ou d'enfants de chaque divinité et introduire ainsi les notions d'addition et de soustraction.

Chercher à comprendre son point de vue en se mettant à sa place ne pourra que le stimuler dans un domaine qu'il n'apprécie pas particulièrement. Souvent, et particulièrement pour un enfant précoce qui s'ennuie en classe, le fait d'avoir la moyenne à l'école lui semble suffisant puisque cela lui permet de passer dans la classe supérieure, et il ne verra pas forcément la nécessité d'obtenir de meilleurs résultats. La première étape, dans ce cas, est de chercher à connaître les attentes, les objectifs, les motivations de votre enfant, en bref, ce qui est important à ses yeux.

Si votre enfant a un objectif personnel qui lui tient à cœur mais qu'il a du mal à s'y mettre (ou si vous pensez très important qu'il acquiert certaines compétences), vous pouvez utiliser un système de renforcement positif « externe ». Il s'agit de trouver un renforçateur qui lui donnera le coup de pouce nécessaire pour démarrer, c'est-à-dire une action ou une activité suffisamment gratifiantes pour le motiver. Il est donc primordial de trouver un renforçateur, c'est-à-dire une action ou une activité suffisamment gratifiantes pour le motiver et qui puissent durer dans le temps. Une fois le ou les renforçateurs trouvés, servez-vous d'un outil comme le système d'économie de jetons sous forme de tableau pour concrétiser les objectifs et renforcer les comportements attendus[16] : « Tu as gagné quinze points cette semaine en travaillant assidûment, bravo ! Tu peux échanger ces quinze points contre une des "récompenses" définies. »

Appuyez-vous sur ses centres d'intérêt. Prenons un autre exemple. Un enfant n'aime pas écrire, mais il a un intérêt pour la géologie et lit même des journaux spécialisés sur le sujet. Et s'il rédigeait une série de questions au journaliste qui a écrit cet article si intéressant ? Si l'idée lui plaît, vous aurez alors l'occasion de lui expliquer qu'il est important de faire attention à la grammaire et à l'orthographe afin que le journaliste puisse le prendre au sérieux.

Quand la source de démotivation est la peur de l'échec, vous pouvez discuter avec lui des différentes attitudes possibles pour qu'il arrive à surmonter sa crainte : réfléchir à ce que serait une réussite et à ce que serait un échec, par exemple ; procéder par objectifs intermédiaires ; l'encourager à ne pas voir ses résultats en « tout ou rien » et à considérer un résultat moyen, ni catastrophique ni brillant, comme une première étape acceptable.

16. Un exemple de tableau sur https://www.clepsy.fr/motiver-les-changements-durant-le-confinement-le-tableau-a-point-ou-systeme-d-economie-de-jeton/

Soyez tolérant/e. Si, pour reprendre un exemple précédent, votre enfant accepte de lire uniquement les magazines sur un sujet donné, laissez-le faire ! Cela reste de la lecture, il y prend plaisir, et cette source d'intérêt peut évoluer et l'amener à lire sur d'autres supports. Utiliser ses hobbies et ses passions favorisera sa motivation. Il sera d'autant plus motivé que l'activité est en rapport avec ses centres d'intérêt ou peut avoir une application dans sa vie future.

Encouragez l'expérience. Les stages tels qu'il en existe lors du parcours scolaire, par exemple, sont un bon moyen d'aider votre enfant à découvrir ce qui l'intéresse. Voir une personne effectuer le travail que l'enfant précoce souhaite faire plus tard le motivera ou, au contraire, lui fera comprendre qu'il vaut mieux changer de voie.

Trouvez un équilibre. Il est parfois difficile de trouver un équilibre entre la dimension émotionnelle et la soif de connaissances. En effet, d'un côté, vous allez probablement vouloir renforcer sa motivation et essayer de nourrir sa soif de connaissances ; de l'autre, il est important de l'encourager et de le pousser sans le braquer ni lui fixer des défis trop difficiles à relever ou trop stressants pour son bien-être global. L'objectif est qu'il devienne un adulte autonome et, pour cela, il faudra l'aiguiller afin qu'il puisse trouver le centre d'intérêt qui déclenchera une motivation personnelle.

Ni remontrance ni punition. Certains parents sont tentés de faire des remarques à leur enfant en répétant des phrases telles que « Fais un effort » ou « Si tu ne travailles pas mieux, alors… » Ce type de remarque, ou le fait de punir très souvent, est susceptible de créer une atmosphère délétère pour l'enfant et ne favorisera pas forcément son investissement scolaire, au contraire. Gardez en tête que, même en tant qu'adulte, on peut parfois être démotivé dans son travail et que c'est le plus souvent temporaire. Généralement, les choses finissent par reprendre leur cours normal. Cependant, plus cette période est longue, plus il y a de risque que cela devienne chronique.

La relation de votre enfant au travail scolaire ne changera probablement pas du jour au lendemain. Plusieurs semaines, voire plusieurs mois, et l'essai de différentes stratégies seront parfois nécessaires pour réussir à remotiver votre enfant, mais si vous maintenez ensemble les efforts, vous mettrez toutes les chances de votre côté pour que cela fonctionne ! Les relations interpersonnelles vont forcément influencer la motivation. Souvenez-vous qu'une relation ne se construit pas du jour au lendemain et que cela peut prendre du temps. Votre relation avec votre enfant est mise à mal ? Persévérez et souvenez-vous que vous cherchez à construire une bonne relation à long terme, pas forcément à être « efficace » d'emblée.

Développez l'« autogestion ». Il est important d'aider votre enfant à développer ses capacités d'initiative, d'indépendance, ainsi que tout ce qui est de l'ordre de la négociation. En effet, ces qualités vont être source de motivation. Plus l'enfant sera en mesure de prioriser, de gérer son temps, plus il sera motivé pour avancer. Plus il gagnera en autonomie et en indépendance, plus il sera capable de s'organiser de manière à pouvoir réaliser les tâches qui le motivent le plus. Un enfant bien organisé fera, par exemple, plus facilement ses devoirs pour ensuite pouvoir s'adonner à ses loisirs.

Les enfants précoces qui réussissent à développer une forme d'indépendance vis-à-vis de leurs professeurs et de leurs camarades de classe sont plus à même de pouvoir développer leur curiosité, leur aptitude à réussir et leur assertivité. A contrario, les enfants qui ne se sentent pas autorisés à exprimer leurs opinions ou leurs difficultés à la maison ou à l'école risquent de développer le sentiment que peu de personnes les comprennent ou tiennent à eux ; ils se décourageront et resteront cantonnés dans un modèle d'impuissance apprise.

L'impuissance apprise correspond à un état psychologique. Elle peut découler d'une situation que vous subissez de manière répétée et régulière. Malgré vos efforts, si vous n'arrivez pas à la modifier, vous allez vous décourager et vous résigner, adopter une position de victime, et ce, même si l'on vous propose une solution efficace. C'est le genre de phénomène que l'on observe, par exemple, chez certaines victimes de mauvais traitements conjugaux, chez les enfants maltraités, ou encore chez des animaux en captivité. Ce phénomène est bien expliqué dans un conte pour enfants de Jorge Bucay[17] :

---

17. Jorge Bucay, *Laisse-moi te raconter... les chemins de la vie*, OH ! Éditions, 2004.

dans un cirque, un bébé éléphant est attaché à un piquet pour qu'il ne s'échappe pas. Il lutte longtemps, en vain. Une fois qu'il a cessé de se débattre, on lui laisse la chaîne tout en lui retirant le piquet : il a intégré qu'il ne pourra pas s'échapper et n'essaie même plus… Il reste prisonnier de l'idée qu'il ne peut pas réussir…

SIX ÉTAPES IMPORTANTES POUR AIDER AU DÉVELOPPEMENT DU POTENTIEL DES ENFANTS PRÉCOCES

1. Créer un environnement propice à la réussite : les familles qui ont des attentes réalistes et qui apportent un support émotionnel stable seraient les plus aptes à aider leur enfant à développer des habilités. De même, les activités extrascolaires et l'environnement amical favorisent, lorsque les relations sont bienveillantes, soutenantes et stimulantes, une bonne estime de soi et la réalisation de son potentiel à travers des activités qui sont source d'enthousiasme.

2. Éviter les luttes de pouvoir : cela l'aidera à développer ses capacités d'argumentation et il est important qu'un enfant puisse faire ses propres choix. Afin de le guider, vous pouvez le laisser choisir entre plusieurs propositions qui respecteront les limites que vous avez posées. Essayez de désamorcer les conflits avec humour.

3. Développer une relation positive[18] : nous avons tous été inspirés ou marqués par une personne qui a tenu une place de modèle dans notre enfance ou adolescence. Il ne s'agit pas obligatoirement des parents. Avoir un modèle et entretenir avec lui une bonne relation ne peut être que bénéfique pour un enfant précoce. Ces modèles ou mentors vous encouragent et vous valorisent ; ils ont des attentes envers vous et vous encouragent à sortir légèrement de votre zone de confort, à ne pas avoir peur de rater et à apprendre de vos erreurs, de manière constructive.

4. Favoriser l'intérêt, le challenge : certains enfants ont besoin d'être plus stimulés que d'autres. Néanmoins, si on les pousse trop, il y a un risque qu'ils s'opposent et que cela soit contre-productif. Si vous remarquez une crispation chez votre enfant, il est plus judicieux de prendre du recul et de restreindre vos attentes, de faire machine arrière plutôt que de maintenir la pression et de créer une rupture ou de rentrer dans des luttes de pouvoir sans fin.

5. Se fixer des objectifs adaptés et réalisables, mais suffisamment « ambitieux » : dans le sport, il a été montré que les entraîneurs fixent des objectifs qui sont souvent légèrement au-dessus des performances possibles de leur athlète, de manière à le motiver et à le pousser vers de meilleures performances. Parallèlement, les entraîneurs encouragent l'athlète tout au long du processus.

18. Cf. la partie suivante « *Miser sur une bonne communication* ».

6. Soutenir des apprentissages variés, encourager à découvrir différents points de vue et à sortir de sa zone de confort : les matières apprises à l'école semblent parfois abstraites à votre enfant et vous pouvez tout à fait lui donner raison. Et si vous essayiez de matérialiser certains savoirs par des activités concrètes, des applications dans la vie de tous les jours ? L'idée n'est pas de mettre votre enfant en porte-à-faux avec ce qui est enseigné à l'école – il devra aussi acquérir ces savoirs plus abstraits –, mais de lui apprendre à accepter et à respecter les différents points de vue pour être à l'aise dans la société tout en affirmant sa singularité.

MISER SUR UNE BONNE COMMUNICATION

La communication ne se limite pas au langage. Dès la naissance, les parents se mettent à l'écoute des besoins de l'enfant et cherchent rapidement à y répondre. Ils peuvent tâtonner au début, avant de comprendre que tels pleurs correspondent à la faim, et tels autres à la fatigue, par exemple. La communication va ensuite s'enrichir des échanges de regards, des sourires lorsque l'enfant voit le visage de ses parents, des babillages, puis, plus tard, des imitations de l'enfant qui reproduit ce qu'il voit faire.

La communication, c'est ce qui va conditionner les liens interpersonnels et avoir une influence sur les relations amicales, sociales et professionnelles. Elle jouera aussi le rôle de filet de sécurité lorsque votre enfant précoce grandira et gagnera en autonomie : si vous avez su maintenir une communication avec lui dans les moments difficiles, il saura qu'il peut faire appel à vous en cas de besoin.

Les parents jouent un rôle essentiel dans la communication, ce sont eux qui servent de modèle à leur enfant quand ce dernier les observe en train de communiquer entre eux, mais aussi quand ils interagissant avec lui-même. À travers cette communication, l'enfant va apprendre l'ensemble des subtilités et des règles des relations sociales : ce qui se dit et ne se dit pas, la manière de s'adresser à telle ou telle personne, comment formuler une critique ou un compliment, mais aussi ce que l'on peut attendre ou pas d'autrui. La communication influence également l'estime que l'enfant a de lui-même à travers les compliments ou les reproches qui lui sont adressés.

7

COMORBIDITÉS : QUAND DES TROUBLES S'EN MÊLENT

Le bien-être psychologique et la santé mentale des enfants précoces sont depuis longtemps un sujet d'intérêt et d'interrogation pour les psychologues, les spécialistes des sciences de l'éducation, les parents et les associations. Alors que le haut potentiel intellectuel n'est pas une maladie ni un trouble mental[19], il est fréquent qu'il soit associé à certains troubles neurodéveloppementaux (troubles du spectre de l'autisme, trouble de déficit de l'attention avec ou sans hyperactivité).

19. Par définition, un trouble mental est un « syndrome comportemental ou psychologique cliniquement significatif, survenant chez un individu, et associé à une détresse concomitante (par exemple, syndrome de souffrance) ou à un handicap (par exemple, altération d'un ou plusieurs domaines de fonctionnement), ou à un risque significativement élevé de souffrance, de décès, de handicap ou de perte importante de liberté ».

ÊTRE PRÉCOCE, C'EST ÊTRE PLUS FRAGILE OU PLUS FORT « MENTALEMENT » ?

« Résultat de leur intelligence supérieure et de la conscience de soi et du monde élevée qui s'y associe, les enfants surdoués se représentent fortement et très tôt l'adversité et sont ainsi plus particulièrement et plus précocement sensibles au stress que leurs pairs[20]. » A contrario, les capacités cognitives, à travers les capacités de compréhension de soi et des autres, la résolution de problèmes et les stratégies d'adaptation qu'elles favorisent, pourraient protéger du stress en améliorant les capacités d'ajustement social et scolaire.

Si des difficultés émotionnelles, comportementales et scolaires peuvent se retrouver chez les enfants à haut potentiel, la notion de fragilité psychique, qu'elle soit constitutive de la précocité intellectuelle ou la conséquence d'une forme d'inadaptation de ces enfants à leur environnement, n'est à l'heure actuelle pas confirmée. En France, selon le rapport Delaubier à l'origine de l'amélioration du dépistage des enfants à haut potentiel à l'école, un tiers des enfants précoces présenteraient des difficultés psychologiques et/ou scolaires. Cependant, aucune étude épidémiologique

20. Fabian Guenolé, *Études psychopathologiques quantitatives d'enfants intellectuellement surdoués*, Université Paris-Saclay, 2018. Voir aussi *Déjouer le stress à l'école*, des mêmes auteurs, dans la même collection.

rigoureuse n'a été réalisée pour étayer cette donnée. Les études sérieuses qui existent sur le sujet tendent plutôt à démontrer que les enfants à haut potentiel ne souffrent pas plus que leurs pairs de troubles psychopathologiques ou psychiatriques, voire que la précocité intellectuelle favorise une vie heureuse et épanouie[21].

Cela dit, certains troubles mentaux, appelés alors « comorbidités », peuvent être associés à la précocité intellectuelle. Lorsque c'est le cas, ces maladies prennent une « coloration » particulière, c'est-à-dire qu'elles s'expriment un peu différemment que lorsqu'elles se manifestent chez un enfant dont l'intelligence se situe dans la moyenne, et il est important de savoir les détecter. Par ailleurs, certains troubles psychiatriques donnent des symptômes proches des particularités de fonctionnement observées chez les enfants à haut potentiel[22].

ET SI CE N'ÉTAIT PAS DE LA PRÉCOCITÉ, MAIS UNE FORME D'AUTISME ?

Une précocité intellectuelle et un trouble du spectre de l'autisme sans retard intellectuel ni retard de langage[23] peuvent être tous les deux observés chez un enfant. Les cliniciens

21. *A parent's guide to gifted children*, James Webb, 2007.

22. C'est ce qu'on appelle les « diagnostics différentiels ».

23. Il était autrefois appelé « syndrome d'Asperger ».

anglo-saxons parlent alors d'enfant «*twice exceptional*[24]» (doublement exceptionnel).

Le diagnostic de troubles du spectre de l'autisme (TSA) repose sur la présence de deux catégories de symptômes[25] : des déficits persistants dans la communication sociale et l'interaction sociale, et ce, dans plusieurs contextes ; des modes de comportement, des activités ou des intérêts restreints et répétitifs[26].

Chez les enfants atteints de troubles du spectre de l'autisme, différents profils d'intelligence sont possibles. Les études les plus récentes sur le sujet montrent qu'environ 30 % des enfants atteints de ces troubles auraient un QI inférieur ou égal à 70, 25 % un QI compris entre 71 et 85, et un peu moins de la moitié un QI supérieur à 85. Enfin, 3 % des enfants TSA seraient également précoces.

Des similitudes existent entre les enfants à haut potentiel et les enfants présentant un trouble du spectre de l'autisme sans retard intellectuel ni retard de langage : des difficultés dans les interactions sociales, une dysrégulation

24. Les cliniciens utilisent le terme « *twice-exceptional* » pour toute association entre un handicap ou une incapacité et une capacité exceptionnelle.

25. *Manuel diagnostique et statistique des troubles mentaux*, Association américaine de psychiatrie, 5e éd., États-Unis, 2013.

26. Ces symptômes doivent être présents dès les premières étapes du développement, même s'ils peuvent ne pas être manifestes jusqu'à ce que les demandes sociales dépassent les capacités limitées, ou être masqués par des stratégies apprises.

émotionnelle, des capacités de langage verbal élevées et un langage parfois pédant, des compétences variables selon les domaines[27], la présence d'une certaine maladresse au vu des capacités verbales, voire d'une dyspraxie (trouble spécifique des apprentissages qui se caractérise par des difficultés à contrôler ses mouvements), une tendance à être distrait, inattentif et une concentration excessive sur des intérêts restreints, associés à des particularités sensorielles.

Une hypothèse serait que, puisque les enfants à haut potentiel peuvent avoir des trajectoires et des profils développementaux très variés, plusieurs de ces profils sont très proches du tableau de TSA. Ainsi, un certain nombre d'enfants à haut potentiel partageraient des signes cliniques avec les enfants atteints de TSA, sans remplir tous les critères diagnostiques nécessaires pour porter le diagnostic de TSA.

Malgré ces similitudes cliniques, il existe des différences entre les enfants à haut potentiel et les enfants présentant un TSA : les enfants précoces sont moins rigides, s'adaptent plus facilement au changement, ont moins de difficultés d'adaptation sociale, ont une meilleure compréhension du point de vue d'autrui, font preuve de plus d'humour avec plus de réciprocité sociale. Ces enfants ont conscience que leurs comportements peuvent être considérés comme différents, voire étranges, alors que ceux qui présentent un TSA ne le perçoivent pas toujours.

27. Les profils « en dents de scie » aux tests de QI (cf. chapitre 2).

Il est très important de diagnostiquer un éventuel TSA chez un enfant à haut potentiel, car une prise en charge précoce et spécialisée est recommandée pour améliorer le pronostic fonctionnel de ces enfants. Dans notre pratique clinique, il est fréquent que les enfants adressés en consultation pour précocité souffrent de troubles du spectre de l'autisme ; il est souvent nécessaire de réaliser une évaluation précise et objective pour mieux appréhender les troubles[28].

Lorsque les parents consultent pour des difficultés scolaires, d'autres diagnostics différentiels sont recherchés. Il s'agit en premier lieu des troubles des apprentissages (cf. chapitre 5). Paradoxalement, pour certains enfants, le diagnostic différentiel sera le retard intellectuel ; dans ce cas-là, l'entourage a bien remarqué les particularités de fonctionnement et les difficultés scolaires de l'enfant, mais les attribue à une précocité intellectuelle (probablement pour les raisons que nous avons proposées dans le chapitre 1), alors que le décalage réel est du côté du retard.

28. Des chercheurs ont tenté de développer des outils permettant de faire la distinction entre les caractéristiques que présentent les enfants à haut potentiel et celles que présentent les enfants atteints de TSA, mais leur utilisation en pratique clinique n'est pas répandue. Parmi les outils d'évaluation de l'autisme, on peut citer l'ADI (Autism Diagnostic Interview) et l'ADOS (Autisim Diagnostic Observation Schedule).

QUELS SONT LES TROUBLES DES APPRENTISSAGES CHEZ UN ENFANT PRÉCOCE ET COMMENT S'EXPRIMENT-ILS ?

Un enfant à haut potentiel peut souffrir de n'importe lequel des troubles des apprentissages : tous les « dys » (dyslexie, dysorthographie, dysgraphie, dyspraxie, dyscalculie, dysphasie), mais aussi retard de lecture, trouble logico-mathématique…

Lorsqu'un enfant consulte pour des difficultés scolaires, un bilan cognitif est souvent proposé, et c'est à ce moment-là que la précocité intellectuelle est découverte.

L'un des signes de l'association troubles des apprentissages / précocité intellectuelle est fréquemment le grand décalage des performances selon les domaines. Cependant, souvenez-vous que le décalage des performances est souvent présent chez un enfant précoce et qu'il est de plus fréquemment associé au phénomène de dyssynchronie (cf. p. 48) ! Lorsque précocité intellectuelle et troubles des apprentissages sont associés, l'un peut masquer l'autre et ainsi retarder l'identification et la prise en charge. Par exemple, un enfant à haut potentiel peut puiser dans ses capacités pour masquer ses difficultés pendant plusieurs années, et un enfant qui a un trouble sévère des apprentissages peut longtemps ne pas être identifié comme précoce.

Le fait d'observer des zones d'excellence chez un enfant par ailleurs en difficulté dans les apprentissages, des résultats très disparates selon les matières, ou entre l'écrit et l'oral, inciteront à explorer les deux hypothèses « diagnostiques ».

Un bilan spécialisé est nécessaire pour appréhender finement les difficultés de l'enfant : en plus du test de QI et d'éventuels tests neuropsychologiques plus spécifiques de certains domaines cognitifs, un bilan orthophonique et un bilan psychomoteur peuvent être proposés.

Il existe depuis quelques années des centres dont le but est d'évaluer les enfants atteints de troubles spécifiques du langage oral ou écrit, au sein desquels les enfants à haut potentiel bénéficient, entre autres, de bilans multidisciplinaires[29].

La prise en charge repose sur une rééducation appropriée et d'éventuels aménagements scolaires qui découlent des difficultés. Ces aménagements ne sont pas toujours faciles à concilier avec ceux que requiert la précocité ! Les réunions d'équipe éducative auront dans ce cadre la tâche difficile de réussir à proposer un parcours individualisé le plus ajusté possible aux besoins variés de l'enfant.

29. Une liste de ces centres de référence classés par régions peut être consultée sur le site http://scolaritepartenariat.chez-alice.fr/page104.htm.

UN ENFANT PRÉCOCE PEUT-IL AUSSI ÊTRE HYPERACTIF ?

Lorsque l'enfant est très actif, présente une instabilité motrice marquée, la question se pose d'un trouble du déficit de l'attention avec ou sans hyperactivité (TDAH). Le TDAH est l'un des troubles associés à la précocité intellectuelle.

Les enfants précoces ont fréquemment besoin de beaucoup bouger, de bouger pour se concentrer, débordent d'énergie (cf. chapitre 3) et sont souvent des « moulins à paroles ». Ils peuvent aussi être dans la lune et donner l'impression de ne rien écouter. De ce fait, on les « catalogue » à tort comme hyperactifs ou comme ayant des difficultés attentionnelles. Il arrive aussi qu'ils soient à la fois précoces et hyperactifs[30].

Le déficit de l'attention et l'hyperactivité-impulsivité sont les deux ensembles de comportements et de symptômes qui permettent de diagnostiquer le TDAH. Pour que le diagnostic du TDAH puisse être posé, au moins six symptômes doivent être présents sur l'une ou l'autre de ces deux dimensions, pendant une durée de plus de six mois, et provoquer une gêne fonctionnelle dans au moins deux types d'environnements différents (par exemple, à l'école et à la maison).

30. Selon les études, entre 3 et 10 % des enfants à haut potentiel souffriraient d'un TDAH, ce qui semble assez proche du taux d'enfants souffrant de TDAH dans la population « non précoce ».

Ainsi, dans certains cas, il est possible de faire la différence entre un enfant à haut potentiel qui a seulement besoin de beaucoup bouger et un enfant à haut potentiel qui est atteint de TDAH, car les « symptômes » d'hyperactivité ne sont présents qu'à l'école dans les situations d'ennui, et pas dans les autres environnements au sein desquels l'enfant évolue. Dans d'autres cas, un bilan neuropsychologique sera nécessaire pour faire la différence entre les symptômes du TDAH et ceux de la précocité.

Même s'ils paraissent être « ailleurs », les enfants précoces intègrent ce qui a été dit et le réutilisent à bon escient. Si un TDAH est associé, l'enfant sera véritablement distrait et n'aura pas enregistré ce qui a été dit. Un test neuropsychologique[31] permettra de préciser les capacités attentionnelles de l'enfant plus finement pour orienter le diagnostic[32].

31. Le test de l'évaluation de l'attention chez l'enfant (TEA-Ch) évalue la flexibilité attentionnelle (capacité à alterner de manière souple entre deux modes de fonctionnement correspondant dans le test à deux tâches différentes de comptage, l'une croissante automatique et l'autre plus complexe décroissante), l'attention divisée (capacité à faire deux choses en même temps) et l'attention soutenue (capacité à maintenir sa vigilance dans une tâche monotone de comptage de sons).

32. Pour plus d'informations sur le TDAH, nous vous renvoyons à notre livre de la même série sur ce vaste sujet, *Il est peut-être hyperactif*, Nathan, 2020.

QUELS SONT LES AUTRES TROUBLES AUXQUELS PRÊTER ATTENTION CHEZ UN ENFANT PRÉCOCE ?

Les troubles anxieux : favorisés par leur hypersensibilité, leur perception accrue et réaliste de leur environnement, leurs capacités d'empathie, ils pourraient toucher jusqu'à 40 % des enfants à haut potentiel. Ce sont les troubles les plus fréquemment observés chez ces enfants. Leurs réactions émotionnelles, plus proches de l'âge chronologique de l'enfant que de son âge « intellectuel », les font parfois paraître plus immatures que les enfants typiques du même âge. Cela peut susciter les critiques ou l'agacement de l'adulte, provoquant involontairement un stress supplémentaire chez l'enfant qui pense que ses réactions sont inappropriées.

Tous les enfants à haut potentiel ne sont cependant pas anxieux ! Les troubles anxieux sont plutôt moins fréquents chez eux ou pas plus présents que chez les enfants « typiques[33] ». Certaines études montrent même que certains d'entre eux, en particulier ceux qui évoluent dans un environnement adapté et soutenant, ont une estime d'eux-mêmes plutôt supérieure à la moyenne et subissent des niveaux de stress plutôt inférieurs à la moyenne.

Les troubles de l'humeur : ils seraient plus fréquents chez les enfants ayant un idéalisme marqué, un perfectionnisme intense et/ou des exigences élevées. Les capacités d'empathie et de

33. Les troubles anxieux touchent environ 30 % de l'ensemble des enfants.

compassion pourraient également favoriser des phénomènes de contagion émotionnelle et engendrer une tristesse persistante de l'humeur. Pour les enfants et les adolescents très idéalistes, certains auteurs ont ainsi parlé de « dépression existentielle », qui associe les éléments suivants : déception liée aux imperfections du monde et de l'entourage, sentiment d'impuissance apprise (cf. chapitre 6), découragement face à des standards et à des idéaux trop élevés, isolement, vécu de fardeau lié à un sentiment de responsabilité en lien avec leur potentiel, perte de sens.

En dehors de ce tableau clinique, après de nombreuses études contradictoires et malgré la croyance répandue que la dépression serait particulièrement fréquente chez les enfants, adolescents et adultes à haut potentiel, il semble maintenant reconnu qu'elle n'est pas plus fréquente chez eux que chez les personnes « typiques ». En revanche, elle peut être colorée par le haut potentiel et l'intensité, l'hypersensibilité, le perfectionnisme et l'idéalisme qui l'accompagnent. Un des facteurs de risque de dépression chez un enfant précoce serait également dû au fait de ne pas être scolarisé dans un environnement qui convienne à ses besoins. Le sentiment de se sentir différent, incompris, d'être isolé socialement parce qu'on ne trouve pas de camarades peut favoriser des idées dépressives. Les critiques incessantes sur ce que l'on est : « tu es trop intense », « tu en fais trop », en altérant la confiance et l'estime de soi, favorisent aussi une tristesse de l'humeur, un découragement et un sentiment d'impuissance apprise : « Quoi que je fasse, mes parents ne sont jamais contents. » Dans certains cas, la colère, le ressentiment, les passages à l'acte sont manifestes. Le risque suicidaire ne serait cependant pas plus élevé que chez les enfants et les adolescents dont l'intelligence se situe dans la moyenne, mais doit, comme toujours, être pris très au sérieux et mener à une prise en charge adaptée.

Troubles du sommeil et douleurs corporelles somatiques : les plaintes « somatiques » sont fréquentes chez ces enfants, concernant en particulier les troubles du sommeil et les douleurs corporelles. Aujourd'hui, les chercheurs explorent les liens entre précocité intellectuelle et maladies auto-immunes, sans qu'il soit possible pour le moment de tirer de conclusions de ces études.

Les troubles du comportement alimentaire : ils ont été les premiers troubles psychiatriques décrits comme étant associés à la précocité intellectuelle. En particulier, l'anorexie mentale, dont l'apparition semble être favorisée par le perfectionnisme et un haut niveau d'exigence, est une pathologie sévère qui nécessite une prise en charge précoce et spécialisée.

8

ATTÉNUER L'INTENSITÉ DU QUOTIDIEN

Les raisons pour lesquelles votre enfant peut « cacher » ses difficultés, telles que des symptômes anxieux, de la tristesse, sont variées : il a peur de décevoir, il pense qu'il est censé tout gérer seul, il craint de perdre son statut d'enfant « malin » qui sait tout faire, etc. Pensez donc à verbaliser : être intelligent ne signifie pas que l'on est toujours capable de résoudre ses problèmes.

EN TANT QUE PARENTS, AVONS-NOUS UN RÔLE À JOUER POUR AIDER NOTRE ENFANT À ALLER BIEN ET À S'ÉPANOUIR ?

Gardez en tête l'âge de votre enfant sur le plan affectif et émotionnel, et adaptez vos attentes et réactions. Souvenez-vous du phénomène de « dyssynchronie », si fréquemment observé, qui n'est pas une anomalie à corriger, mais un aspect développemental normal chez votre enfant à haut potentiel.

Faites savoir à votre enfant que vous l'aimez comme il est et pour ce qu'il est, pas pour ce qu'il fait ou ses réussites exceptionnelles. Un enfant à haut potentiel a l'habitude d'entendre des louanges sur sa capacité à tout réussir, sur le fait d'être si brillant. Il peut ainsi penser que sa valeur dépend principalement ou uniquement de cela ; dans ce cas, lorsqu'il ne parvient pas immédiatement à résoudre un problème, à apprendre un nouveau concept ou à réaliser un projet, son estime de soi-même risque d'en être amoindrie, lui faisant craindre de « perdre sa place » (celle qu'il pense avoir auprès de ses parents). Il est donc important de lui rappeler qu'il est normal de ne pas pouvoir tout savoir, tout faire parfaitement et rapidement, et que de nombreuses choses intéressantes nécessitent du temps et de la pratique avant d'être maîtrisées. Essayez de passer du temps avec lui pour l'écouter vous parler de ce qui l'intéresse ou pour qu'il vous montre ce qui le passionne.

L'AIDER À GÉRER SON STRESS ET À RÉGULER SES ÉMOTIONS

Les stratégies de gestion du stress et d'affirmation de soi ont pour but de rendre le quotidien moins intense et d'améliorer les relations aux autres. Le stress peut avoir un côté positif en aidant à mobiliser ses ressources, en donnant de l'énergie et de la motivation – les chercheurs ont maintenant bien décrit la notion de « bon stress ». Le bon stress désigne une situation qui entraîne un stress modéré et donc amène l'individu à mobiliser ses ressources pour y faire face. Le mauvais stress correspond à une situation que l'on ne peut pas surmonter, faute de ressources. Le bon stress est donc ce qui nous permet de nous adapter. Par exemple, le fait de passer des brevets ou des bacs blancs permet à l'élève de se confronter à la situation pour mieux l'appréhender le jour du « vrai examen ». Ayant déjà expérimenté la situation, le temps imparti, etc., il mobilisera ses ressources, mais dans des proportions moindres que s'il n'avait jamais été confronté à cette situation.

Considérer certains événements d'un point de vue intellectuellement avancé, par exemple percevoir les enjeux d'un conflit entre deux nations, ne signifie pas forcément être capable de gérer les émotions qui en découlent (« Est-ce que ça signifie que moi ou ma famille sommes en danger ? » « Pourquoi le monde est-il si injuste ? »). Certains adultes confrontés au stress des enfants à haut potentiel perdent patience : « Tu t'inquiéteras de cela plus tard ! » « Ce n'est pas de ton âge, tu te fais trop de souci ! »

- Aidez votre enfant à reconnaître le stress. Comme pour toute émotion, il est important de le reconnaître, parfois de le nommer, ce qui est une façon de le valider : « Je vois que tu es très inquiet. » « Je remarque que cela te fait faire du souci. » En agissant ainsi, vous ouvrez la porte à la discussion, vous ne jugez pas si l'émotion est appropriée, justifiée ou raisonnable, vous l'acceptez.
- Encouragez-le à apprendre des techniques de respiration et de relaxation (yoga, mindfulness).
- Lorsque vous sentez que votre enfant est très inquiet face à une situation donnée, vous pouvez l'encourager à faire des « prédictions » sur ce qui va se passer – « Qu'est-ce qui pourrait arriver de pire ? et de mieux ? » « Et quand il s'est passé ça la dernière fois, comment ça s'est terminé ? » – et à réévaluer ensuite ce qui s'est réellement passé : « Tu te souviens, on croyait qu'il allait arriver ça ? Finalement, tout s'est bien terminé. » N'hésitez pas à inciter votre enfant à imaginer des conséquences autres que celles qu'il a tendance à citer d'emblée, et également à réfléchir à ce qu'il peut faire, concrètement, pour favoriser tel ou tel résultat.
- Pratiquez en famille la « résolution de problèmes » en listant toutes les solutions possibles, leur faisabilité, leurs conséquences, et en définissant, d'abord ensemble puis en laissant votre enfant autonome, quelle stratégie il souhaite utiliser.
- Pratiquez des exercices de psychologie positive comme énumérer cinq petits bonheurs à la fin de la journée, le complimenter, célébrer ses qualités, exprimer votre gratitude. Répertoriez tout ce pour quoi il est reconnaissant et tous les mercis qu'il pourrait adresser à sa famille, à son corps, à ses amis…

- Encouragez votre enfant à ne pas surcharger son emploi du temps et à garder du temps pour se relaxer, ainsi qu'à avoir une bonne hygiène de vie (sommeil, alimentation, activité physique). Se détendre, jouer et rêver sont des activités « de loisirs » indispensables au bien-être et il est important d'avoir des temps « sans agenda » dans la journée. Vous pouvez aider votre enfant en fixant des limites raisonnables au nombre d'activités possibles et en lui montrant comment établir des priorités[34].

L'AIDER À MODÉRER SON PERFECTIONNISME

Le perfectionnisme, la poursuite de l'excellence peuvent être des forces et des sources de motivation et de persévérance car, pour atteindre le meilleur dans n'importe quel domaine, il faut généralement faire des sacrifices personnels, être patient et s'appliquer. Mais en raison de leur dyssynchronie, les enfants et les adolescents à haut potentiel ont souvent besoin d'aide pour peser les coûts et les avantages d'une réussite exceptionnelle. La poursuite d'objectifs « trop » élevés, irréalistes peut être synonyme de stress, de découragement, d'insatisfaction personnelle. Une saine poursuite de l'excellence signifie faire de son mieux avec le temps et les outils dont on dispose, puis passer à autre chose quand on a fait suffisamment bien ou si cela devient irréaliste. Selon

34. Vous pouvez vous référer à notre ouvrage *Déjouer le stress à l'école*, dans la même collection, pour approfondir ce sujet et découvrir des outils et des clés de compréhension.

la psychologue Maureen Neihart, « le perfectionnisme est comme le cholestérol, il y a le bon et le mauvais ». Il arrive ainsi que le perfectionnisme conduise à procrastiner ou bien à se sentir coupable dès que l'on est engagé dans une activité non productive, de détente ; cela peut aussi entraîner une telle adhésion aux règles et aux attentes des autres que l'on gomme toute spontanéité de sa vie quotidienne.

Si votre enfant vous paraît « trop » perfectionniste, encouragez-le à se poser trois questions par rapport à un travail ou à un objectif qu'il s'est fixés : 1. « Est-ce suffisamment bien fait ? » 2. « À long terme, est-ce que cela aura de l'importance » ? 3. « Qu'est-ce qui peut arriver de pire si je m'arrête là ? » Ou encore, aidez votre enfant à apprécier la situation de manière réaliste : « Que peut-il se passer au pire si tu ne finis pas ton projet aujourd'hui ? » « Qu'est-ce que tu voudrais faire de plus pour être satisfait ? » Viser les progrès plutôt que la perfection est une bonne façon de réévaluer les objectifs !

LUI APPRENDRE À FAIRE DES EFFORTS ET À TOLÉRER LA FRUSTRATION

Certains enfants à haut potentiel ne sont pas confrontés à de réels défis avant plusieurs années de scolarité – de ce fait, contrairement aux enfants intellectuellement dans la moyenne, ils n'ont pas acquis l'apprentissage progressif de la persévérance face à la difficulté normale des apprentissages scolaires. Or la persévérance est une compétence importante à l'école, mais aussi plus tard dans le monde du travail et, de manière générale, face aux difficultés du quotidien.

La tolérance à la frustration et à nos propres limites comme à celles des autres permet de persévérer malgré les difficultés. Son apprentissage peut être sous-tendu par des outils spécifiques : par exemple, découper les tâches complexes en tâches simples, reconnaître l'importance du processus de réalisation avant même le résultat final (et célébrer les petites victoires et réussites à chaque étape), fixer des objectifs réalistes et construire un « rétroplanning » adapté. Elle est favorisée également par la capacité à accepter les éventuels « échecs », c'est-à-dire le fait que certaines choses ne se déroulent pas comme prévu, et à réévaluer régulièrement les objectifs et les stratégies/moyens mis en place pour les atteindre. Développer des méthodes de travail, faire preuve de persévérance, procéder par étapes et apprécier le temps du processus autant que le moment où l'objectif est atteint, tout cela s'apprend et nécessite un entraînement ! Pour que cet apprentissage soit possible, les objectifs doivent être de difficulté croissante et les adultes qui entourent l'enfant peuvent dans un premier temps aider à mettre en place la stratégie pour atteindre l'objectif – comme une béquille que l'on enlève ensuite, ce support de l'adulte sera petit à petit retiré, d'abord en proposant simplement de faire le point avant, pendant et après la réalisation du projet si l'enfant le souhaite, puis en le laissant autonome.

Cet apprentissage ne se fait d'ailleurs pas seulement avec les parents ; il peut être favorisé par la rencontre avec un ou plusieurs mentors, ou avec un enseignant. Un bon « mentor », est quelqu'un de soutenant et d'encourageant, mais il pousse aussi à sortir de ses retranchements, il force à puiser dans ses ressources et à se dépasser (le fait d'atteindre un objectif qui paraissait initialement hors d'atteinte est alors source de plaisir et favorise la confiance en soi). Cette attitude d'exigence bienveillance favorise l'autonomie, la persévérance, la confiance en soi, le plaisir du travail bien fait. En résumé, mieux vaut être confronté jeune à de petits défis adaptés à ses capacités.

Les encouragements sont absolument nécessaires pour éviter le découragement. Les adultes peuvent également rappeler à l'enfant ce qu'il a déjà réussi à faire : « Tu te souviens quand tu as appris à nager / à faire du vélo (par exemple), comme tu avais l'impression que tu n'y arriverais jamais quand tu as commencé ? Et puis tu as persévéré, tu t'es beaucoup entraîné et tu y es arrivé, et regarde comme tu es à l'aise maintenant ! » Encouragez toutes ses tentatives – « Je suis fier/ère que tu aies essayé cette activité, je sais que tu ne te sentais pas très à l'aise, bravo ! » –, même si l'enfant a fait une erreur ou n'a pas réussi.

En l'absence de cette compétence à tolérer la frustration, à être résilient face aux imprévus et aux retours en arrière, à maintenir ses efforts sur le long terme, le risque est que l'enfant se décourage d'avance et évite de se confronter à toute situation qui pourrait le mettre en échec.

L'ENCOURAGER À AVOIR UN DISCOURS INTÉRIEUR SOUTENANT ET ENCOURAGEANT

Dans un premier temps, attirez l'attention de votre enfant sur sa petite voix intérieure (nous avons parfois tendance à oublier la nôtre tout en subissant ses effets à travers nos réactions émotionnelles !), ainsi que sur le type de discours qu'il a tendance à se tenir et sur l'impact que ce discours peut avoir sur ses réactions. Il semble que les enfants à haut potentiel, qui ont des capacités verbales précoces et avancées, développent très tôt un discours intérieur en réaction aux événements.

Cette petite voix intérieure est importante, elle nous aide à organiser nos actions, à mettre de l'ordre dans nos idées ; l'idée n'est pas de la faire taire, mais de moduler la teneur de ses propos ! Face à une difficulté, notre petite voix intérieure peut nous pousser à l'envisager comme une catastrophe ou comme une opportunité d'apprendre et de progresser. Mais elle a bien souvent tendance à se transformer en un juge sévère et culpabilisant : « J'ai encore raté, je suis vraiment trop nul. » « Tout le monde pense que je suis si intelligent, et là je ne comprends rien à ce qui se passe, qu'est-ce qu'ils vont penser de moi ? » « Je n'y arriverai jamais, ça ne sert à rien que j'essaye. » Parfois, cette petite voix intérieure est neutre : on se rappelle alors quelque chose que l'on doit faire, on anticipe sa journée, etc.

Dans certains cas, ce n'est pas l'événement en lui-même qui est responsable du stress, mais la façon dont notre petite voix intérieure le traite : elle peut fonctionner comme un feu qui attise les émotions liées à la situation ou au contraire, avec un peu d'entraînement, comme un régulateur.

Par exemple, les personnes perfectionnistes ont tendance à avoir un discours intérieur très en « tout ou rien » (c'est super ou c'est nul) et à être très critiques envers elles-mêmes. Vous pouvez effectuer un petit exercice amusant en famille : décidez d'une activité à réaliser, difficile mais pas trop (dessiner un animal, par exemple). Chacun à votre tour, vous essayez de relever le défi ; pendant ce temps, les autres membres de la famille commencent par vous tenir un discours négatif et critique : « Tu n'y arriveras pas, c'est bien trop dur, regarde, tu as tout commencé de travers, tu es vraiment nul », puis, une fois que vous aurez recommencé, ils vous soutiendront et vous encourageront : « Vas-y, je suis sûr/e que tu peux y arriver, continue, tu es sur la bonne voie, bravo. » Ensuite, essayez de parler à tour de rôle des émotions que vous avez éprouvées selon que vous entendiez l'un ou l'autre discours et de l'impact que cela a eu sur la réalisation de votre « défi ».

Amenez votre enfant à observer comment le discours intérieur peut avoir un impact sur les émotions et le comportement. Soulignez le lien qui existe entre ce discours intérieur et les pensées qui nous traversent et faites-lui comprendre l'influence de celles-ci sur les émotions et le comportement. Vous pouvez également discuter avec votre enfant des « erreurs » que notre petite voix intérieure peut faire (ce sont les « biais cognitifs », c'est-à-dire les pensées dysfonctionnelles que l'on peut avoir).

Erreurs de comptabilité : par exemple, à la fin d'une journée, ne penser qu'à ce que l'on a raté sans tenir compte de ce que l'on a réussi.

Erreurs de proportionnalité : cela rejoint les erreurs de comptabilité ; même si on sait que l'on a fait certaines choses « bien », on pense que cela a moins d'importance que ce que l'on a éventuellement raté.

Croyances illogiques ou irréalistes : tous les « je dois absolument… » ou « il faut que… » que l'on s'impose et toutes les pensées absolutistes sur les conséquences d'un événement, toutes les attentes irréalistes, les normes que l'on pense devoir atteindre : « Je dois toujours réussir pour avoir de la valeur aux yeux de mes parents. » « Si j'échoue, cela veut dire que je suis nul. » « Il faut que je finisse ça parfaitement avant de pouvoir me détendre. » « Si je ne réussis pas, je suis fichu. » Chaque fois que cela est possible, remplacer le « il faut que » par « ce serait bien si » qui, étant moins absolu, introduit de la souplesse dans les attentes que l'on se fixe et diminue le sentiment d'urgence à faire telle chose absolument de telle manière.

Les enfants à haut potentiel seraient particulièrement enclins à avoir des attentes irréalistes et à se fixer des objectifs trop ambitieux, en particulier lorsqu'ils sont idéalistes ou perfectionnistes et qu'ils sont peu confrontés aux échecs. Encouragez votre enfant à parler de ses croyances et de ses attentes, posez-lui des questions pour comprendre ce qui l'a conduit à voir les choses ainsi, ouvrez la discussion sur de possibles pensées alternatives – « Ah oui, tu penses que la maîtresse s'attend à ce que tu répondes toujours tout juste ? Est-ce qu'elle a dit quelque chose de tel ? Qu'est-ce que tu crois qui se passerait si tu faisais des erreurs parfois ? » – et parlez de vos propres croyances et expériences, de comment vous avez pu remettre en question certaines attentes irréalistes – « Quand j' étais en sixième, je me souviens que j'avais très peur d'avoir de mauvaises notes en maths car ma prof m'avait dit en début d'année que j'étais très doué/e ; finalement, je me suis rendu compte qu'elle m'encourageait quelles que soient mes notes et qu'elle appréciait surtout que je fasse des efforts et que je cherche à apprendre de nouvelles choses, ça m'a beaucoup aidé/e par la suite de savoir ça ! » – sans cependant dire à votre enfant qu'il a tort ou qu'il ne devrait pas penser ceci ou ressentir cela. Au contraire, n'hésitez pas à « valider » son ressenti : « Je vois que cela te fait faire beaucoup de souci pour l'école. »

L'absence de recherche de preuves : si nous pensons : « Je suis vraiment nul », il est rare que nous remettions en question notre pensée. En général, nous nous recroquevillons alors sur nous-mêmes, nous ressentons de la honte et de la tristesse. Nous n'essayons pas de démontrer que nous ne sommes pas nuls en recherchant ce qui pourrait contredire cette affirmation. Mais si nous nous demandons : « Quelles sont les preuves ? », nous allons vraisemblablement en trouver qui montrent que nous ne sommes pas si nuls ! Encouragez donc votre enfant, lorsqu'il porte un jugement acerbe et définitif sur lui-même, à examiner ce qui va dans ce sens et aussi ce qui tend à prouver le contraire (ou un point de vue alternatif, même s'il n'est pas opposé). Là encore, une activité ludique de type « détective » peut être pratiquée : « OK, tu penses que tu es vraiment nul en maths, cherchons des preuves » ; vous listez les preuves et les indices, puis vous étudiez les conclusions que le détective peut en tirer pour montrer à votre enfant que la réalité est rarement en « tout ou rien ».

Lorsqu'une situation n'a pas de solution rapide, après avoir encouragé votre enfant à pratiquer les stratégies de résolution de problèmes et de gestion du stress, vous pouvez lui suggérer de mettre de côté temporairement ce qui le soucie ; s'il est très jeune, vous pouvez lui proposer de ranger le problème dans une boîte pour quelques heures afin qu'il puisse passer à autre chose, mais sans dénier la difficulté, en reconnaissant que l'on ne peut rien faire de plus pour le moment.

La « bibliothérapie » ou la « filmothérapie » sont deux moyens d'aider votre enfant à ranger de perspective grâce aux histoires d'enfants et d'adolescents qui traversent ou ont traversé des situations similaires. Il se peut qu'il se sente moins seul et imagine des fins alternatives aux scénarios qu'il a tendance à anticiper. Certains enfants trouvent enfin utile de tenir un journal intime qui les aide à dérouler leurs pensées et à prendre de la distance avec leur discours intérieur.

CONCLUSION

En encourageant votre enfant à développer un discours intérieur positif et soutenant, vous lui permettrez de devenir plus résilient face aux inévitables difficultés et défis du quotidien. La pratique de pensées et de comportements positifs, ainsi que de comportements d'affirmation de soi, peut aider à « rééduquer » une petite voix intérieure trop critique. Lister ses petites victoires, s'entraîner dans des situations sans enjeu particulier à sortir légèrement de sa zone de confort, faire des pauses pour pratiquer la pensée positive dans la journée, voici quelques petits exercices amusants et stimulants.

Pourtant, même si votre enfant pratique des exercices de gestion du stress, de résolution de problèmes, met en place des outils pour apprendre à tolérer la frustration, et même si vous tentez de modifier son discours intérieur en lui présentant des perspectives nouvelles, il se peut que le changement espéré ne soit pas au rendez-vous. Aussi est-il important pour vous d'accepter que votre enfant « fonctionne » ainsi et qu'il n'est pas toujours possible de le changer. Reconnaissez ses difficultés, écoutez-le attentivement, ouvrez la discussion sans donner d'avis trop direct, évitez enfin de « trop » vous impliquer, de vouloir jouer au parent « hélicoptère » qui intervient en urgence à chaque problème.

On veut souvent trouver des solutions pour son enfant, mais parfois le simple fait de reconnaître l'émotion de l'autre et d'offrir une écoute réconfortante suffit. Il sera plus utile de l'épauler dans la recherche d'une solution que de lui en proposer une « toute faite ». Ses forces et ses qualités ne seront pas forcément celles que vous espérez ou celles que vous voyez au quotidien. Appuyez-vous sur elles pour l'encourager à s'épanouir et à se réaliser.

BIOGRAPHIES

Anne Bargiacchi est médecin psychiatre, ancienne interne et cheffe de clinique assistante des hôpitaux de Paris. Elle a exercé pendant dix ans à l'hôpital Robert-Debré, au sein du service de psychiatrie de l'enfant et de l'adolescent, où elle assurait des consultations spécialisées et des soins aux enfants hospitalisés. Elle a participé à la rédaction de différents ouvrages à destination des familles et des professionnels de santé, ainsi qu'à la publication d'articles à destination de revues scientifiques. Elle est maintenant installée aux États-Unis.

Alexandre Hubert est médecin pédopsychiatre, ancien interne et chef de clinique assistant des hôpitaux de Paris. Il exerce depuis plus de dix ans à l'hôpital Robert-Debré dans le service de psychiatrie de l'enfant et de l'adolescent. Il est par ailleurs thérapeute, superviseur et enseignant au sein de l'AFTCC (Association française de thérapie comportementale et cognitive).

COLLECTION

l'enfance en questions

Une collection pour accompagner les parents au moment des grandes étapes ou des épreuves, et favoriser le dialogue en famille.

- *Bien sûr que tu vas y arriver ! Petit manuel pour développer l'estime de soi chez votre enfant,* France Frascarolo-Moutinot, nouvelle éd., 2020.

- *Et s'il ne se fait pas de copains à la récré ? Petit manuel pour vivre sereinement son entrée à l'école*, Fabienne Cattarossi, Roland Sefcick, nouvelle éd., 2020.

- *Euh... demande à ta mère. Petit manuel pour répondre un peu mieux à toutes les questions de votre enfant sur la sexualité*, Pascale Poulain, nouvelle éd., 2020.

- *La mort d'un proche. Petit manuel pour aider son enfant à vivre cette épreuve*, Michel Hanus, Isabelle Hanus, nouvelle éd., 2020.

- *Ne tape pas ta sœur, ne crie pas sur ton frère. Petit manuel pour une fratrie heureuse*, Jean-Patrick Darchis, Élisabeth Darchis, nouvelle éd., 2020.

- *Parents séparés, parents pour la vie. Petit manuel pour aider votre enfant à traverser la séparation*, nouvelle éd., Gérard Decherf, Élisabeth Darchis, 2020.

- *Et si on réinventait l'éducation des garçons ? Petit manuel pour dépasser les stéréotypes et élever des garçons libres et heureux*, Christine Castelain-Meunier, 2020.

- *Il est peut-être hyperactif ? Troubles de déficit de l'attention avec ou sans hyperactivité : les reconnaître pour mieux accompagner son enfant*, Anne Bargiacchi, Alexandre Hubert, 2020.

- *Déjouer le stress de l'école*, Anne Bargiacchi, Alexandre Hubert, 2021.

- *Jouer, un moteur pour la vie. Comment le jeu développe la créativité et les compétences sociales de l'enfant*, Patrice Huerre, nouvelle éd., 2021.

MIXTE
Papier issu de sources responsables
FSC® C022030
FSC
www.fsc.org

Dépôt légal : août 2021.
ISBN : 978-2-09-279100-4
N° de projet : 10263568
Achevé d'imprimer en France en août 2021.
par la Nouvelle Imprimerie Laballery, à Clamecy (58500).
N° d'impression : 106196